文系でも仕事に使える統計学はじめの一歩

STATISTICS FOR BEGINNER'S FIRST STEP

本丸 諒
Ryou Honmaru

かんき出版

はじめに

　私と統計学との関わり──それは多くの統計学の研究者、あるいは統計を専門とする人々とは、経歴も専門も大きく異なっていますので、本書を手にとっていただいた方には、はじめにそこからお話をしたほうがよいでしょう。

　私はビジネス系出版社の編集者として育ち、統計学に関する書籍を今日まで30冊以上つくってきました。この点数は、日本の数多くの編集者の中でも、統計学に関してだけでいえば10指に入ると考えています。
　統計学、多変量解析、統計解析といった全体的なテーマをはじめとして、Excelでの統計、あるいは回帰分析、ベイズ統計学、統計学用語事典、統計データに騙されないといった読み物に至るまで、統計学のさまざまなジャンルで本をつくりつつ、そのなかで売れるテーマを探し続け、数多くの経験を積んできました。
　そんななかで、いくつかの思わぬ個人的経験もしてきました。その1つが「統計学（数学）」と「統計解析」との違いです。それまで、ある大学教授には「統計・確率」などの入門書で何度もご協力いただいていたのに、「今回は統計解析を書いてください」と執筆依頼をした際、断わられたことです。
　その理由は、「本丸さん、**統計学、あるいは統計・確率というなら書けるけれども、統計解析となると、僕には無理だなぁ。数学ではないからね**」というものでした。
　「統計学と統計解析って、そんなに違うものなのか？『数学ではない』とは、いったいどういうこと？」と、その後、考える契機になりました。

　2つ目の思わぬ経験は、「データとの付き合い」という点で、私自身の大きな転機となって訪れました。それは社内での書籍部門から雑誌部門への異動、それも「データ専門誌（月刊雑誌）」だったのです。データ専門

誌は昔も現在も、出版界では珍しい存在（商品）です。

7年間の在籍中、最初の2年間は編集長の見習いとして、その後の5年間を編集長として活動。その間、「雑誌冬の時代」といわれるなかでも、嬉しいことに雑誌の保有部数を1.5倍ほどに伸ばすことができました（現在は休刊中、事実上の廃刊）。

このデータ専門誌で出会ったのが「独自アンケート」です。そのデータ誌では、毎月、全国の企業に対して「独自アンケート」を実施し、特集として掲載していました。これは数少ないデータ専門誌の中でも、さらに珍しい仕事に従事できたと思っています（ほとんどのデータ誌では、公表済のオープンデータのみを掲載していた）。

恥ずかしい話ですが、当時はデータ処理のイロハも知らず、他の編集部員から「この設問って複数回答方式ですよね、それなのに円グラフを使って処理するのは厳禁ですよ」といわれ、「どうしてダメなの？」と理由を尋ねてみたり、専門家にコメントをもらいに出かけると、「この設問でこの回答の選択肢？　回答するときの条件が不足しているよ」と問題点を指摘されたり……。

アンケート、グラフ処理といった、いわば「統計学以前」の段階でキホン的な指摘を受け続けたことで、データ処理に関して少しずつ、実践的に理解をしていくことになりました。

その後、事情があって出版社を辞め、現在は一人で編集の仕事を続けるなか、サイエンスライターとして数学書を中心に執筆活動もしております（編集者＋サイエンスライター）。

編集者として統計学に長らく関わってきたおかげで、著名な統計学の先生たちともいっしょに仕事をすることができました（今回も中身をチェックしていただきました）。また、雑誌・ウエブ等ではライターとして記事を執筆するため、統計学でベストセラー書を発刊された統計家、統計学会の重鎮とされる人々にもお会いでき、自らの疑問点などもその場で直接確認する幸運にも恵まれてきました。

さらにいうと、実は、統計学以外の専門家の方々にも、統計学に関する

実践的手法を多数、教えていただいた面があります。たとえば、マーケティングの専門家には独自の新市場の推定方法を教えていただきました（フェルミ推定に近い方法）。また、宇宙論の分野では素粒子発見における統計学的手法を教えていただいたり（ビジネスよりはるかに厳密）、トヨタ関係者からは工場での貴重な資料をいただいたり、工場見学をさせてもらったり……。

こうして統計学との付き合いが増えれば増えるほど、その面白さ、奥の深さ、難しさを痛感しています。

▶ データ分析を日課としていない人のための統計学

さて、世の中にはデータ分析を日課としている人々、あるいは研究者のように論文を発表する際に統計学を使っている人も少なからず存在しますが、それ以外の多くの人々はどうでしょうか。Excelを使うことはあっても、直接、統計学を駆使して仕事をしている人は少ないのではないでしょうか。

統計学って（自分にとって）何の役に立つんだろう、と思っている人は意外に多いはずです。

そもそも、多くの人は統計学を中学校や高校で学んだ記憶[*]がありません。このため、独学していても、「この項目は何の役立つのか？ 何のために書かれているものなのか？」が明確ではなく、どんどん統計学の深い森に迷い込んでいく（自分はいま、どこにいるのか？）気がするのではないでしょうか。

そんなことを考えていた折、かんき出版の編集部に呼ばれ、「統計学の本をたくさんつくってきた経験を活かして、統計学のどこがポイントで、わかりにくいところをどうすれば理解しやすくなるのか、どの辺りまで知

---

[*] 現在は中学、高校の教科書にも統計学は登場しているが、以前は「選択科目」（高校の「数C」）扱いで、受験にも有利なわけではなく、履修していない人が多かったのが実情。大学には統計学部もなかったが、2018年度からは「データサイエンス学部」などが誕生しつつあり、統計学を専門に学習する人も少しずつ増えてきそうな状況。

っておけばいいのか。統計学で困っている人向けに、ざっくりと統計学のイメージが伝わるような本を書いてみないか？」と誘われたのが、本書執筆のきっかけです。

　たしかに、統計学の本といえば数学の専門家の方々の執筆が圧倒的に多く（当然ですが）、私のような経歴の者が書いた統計学の本はほとんど存在しないし、それならいっそ、編集者流にかみくだいてわかりやすく書いてみようか、それこそが<u>「文系と理系をつなぐ」</u>を標榜する、1人のサイエンスライターの役目ではないのか……と。

　そう思った（騙された）のがいけなかった。いざ書き始めてみると、編集部からは「説明が難しすぎます！」「（会話で登場する）後輩の質問のレベルが高すぎて会話になっていません」「出てくる統計用語が多すぎて、未消化のまま次に進んでしまいます」「式は出さないでほしい、シグマ（Σ）はもちろん、できれば分数も……（え、分数も？）」といった注文が次々に出され（その後、さすがに「分数を使うのはOK」となりました）、そのつど、抜本的なやり直しで再スタート。
　「わかりやすく書く」ことには自負をもっていたはずなのに、みごとなまでにその自信が打ち砕かれ続けたのです。

　本書を最後まで書き続けられたのは、本テーマに情熱を燃やし続け、毎回原稿を読んではダメ出しをしていただき、解決策をいっしょに考え続けてくれた、かんき出版の古川有衣子さん、そして大西啓之編集部長の叱咤激励があったおかげです。感謝申し上げます。
　また、統計学に対する私の理解不足が原因で、もし内容的な不具合があれば読者に多大な迷惑をおかけすることになります。
　そこで、これまで長年にわたって私と統計学の本を出版し続けていただいた「統計学の泰斗」ともいうべき統計学の専門家の方に、厚かましくも本書の内容のチェックをお願いいたしました。ご多忙の中、多くの時間を割いていねいに見ていただき、多数のコメントをいただきました。
　さらに、埼玉大学の岡部恒治名誉教授には内容に関して数多くのコメン

トをいただき、長谷川愛美さんにはキメ細かい校正をしていただきました。
　もちろん、本書に何らかの誤り、考え違いがあれば、それはすべて私の責に帰することですが、ここに深く感謝いたします。

　本書で最も重視したことは、統計学の各内容がイメージとして伝わること。そして、「ひとことで言うと、それは何なのか」を自分流に提示したこと。
　それによって、読者にとって多少でも「統計学の霧」が晴れ、タイトル通り、統計学を始めるための「最初の一歩」となることができたなら、「文系と理系をつなぐ」を標榜するサイエンスライターとして、これ以上の喜びはありません。

　2018年 初春

　　　　　　　　　　　　　　　　　　　　　　　　　　本丸　諒

文系でも仕事に使える 統計学はじめの一歩
CONTENTS

はじめに ……………………………………………………………… 3

プロローグ

ゴミデータからは、ゴミ解析しか生まれない！

1. たった900世帯のデータでOK？ …………………………… 14
2. そのデータ、信頼して大丈夫？ …………………………… 17
3. 統計学って、何の役に立つの？ …………………………… 20
4. 役立ちを知るための3つの統計クイズ …………………… 23

1章

急がば急げ、統計学のイッキ読み！

1. 「統計学マップ」をアタマに入れておく ………………… 30
2. 生データを1つの代表値に──記述統計学① ………… 32
3. データのバラツキ度？──記述統計学② …………… 37
4. サンプルで考える──推測統計学① …………………… 42
5. ホームズのように推理する──推測統計学② ………… 44
6. 仮説を立てて検証する──推測統計学③ ……………… 46
7. 統計解析、多変量解析って、なに？ …………………… 52
8. 従来の統計学VSベイズ統計学 …………………………… 54

2章 データとグラフで大失態を演じないために！

1. 連続量データと非連続量データ？ …………………………… 60
2. 尺度でデータを切り分ける！ ………………………………… 62
3. 名義尺度は「北海道＝1」……と振ったデータ ……………… 64
4. 順序尺度は「順位」をもつデータ …………………………… 68
5. 間隔尺度と比例尺度？ ………………………………………… 70
● 統計学ゼミナール──パーセントとポイントの区別 ………… 72
6. いまさら聞けない「円グラフのタブー」 …………………… 74
● 統計学ゼミナール──ナイチンゲールの「鶏のとさか」 …… 78

3章 ［平均値・分散］の2つを理解しよう！

1. 「平均値」は代表値の代表？ ………………………………… 82
2. 外れ値に強い「中央値」 ……………………………………… 87
3. 最も多いデータが「最頻値」 ………………………………… 89
● 統計学ゼミナール──暗号解読に利用されてきた「最頻値」 … 90
4. 平均値、中央値、最頻値の3者の位置関係は？ …………… 94
5. バラツキ度合いを示す「四分位数・箱ひげ図」 …………… 98
6. 平均から「分散」へ ………………………………………… 102
7. 「分散」でバラツキ度を計算してみる ……………………… 107
8. 「分散」から「標準偏差」へ ………………………………… 111
9. 「標準偏差」を計算してみる ………………………………… 115
● 統計学ゼミナール──天気予報の「平年並み」とは平均値？ 中央値？ … 117

4章

正規分布を体感する！

1. データから度数分布表をつくる ……………………………………… 120
2. ヒストグラムで双峰型を見つけたら…… …………………………… 126
3. ヒストグラムから分布曲線へ ………………………………………… 128
4. 正規分布を動かす（1） 平均を変更してみる …………………… 130
5. 正規分布を動かす（2） 標準偏差を変更する …………………… 132
6. 正規分布で確率を見る ………………………………………………… 134
7. 「管理図」で品質管理 ………………………………………………… 138
◉ 統計学ゼミナール──Excelで正規分布をつくる手順 ……………… 142
8. 2つの異なる正規分布を1つにする？ ……………………………… 146
9. 標準正規分布は使いまわしがいい！ ………………………………… 150
10. 2つの異なるグループを比較してみる ……………………………… 156
◉ 統計学ゼミナール──ポアンカレとパン屋さんの仁義なき攻防 …… 159

5章

サンプルから母集団の特徴を「推定」する

1. なにを「推定」するのか？ …………………………………………… 162
2. 統計学用語を整理することから ……………………………………… 164
3. 「点推定」は当たるも八卦？ ………………………………………… 168
4. 「平均値の平均」の分布と中心極限定理 …………………………… 170
5. 区間で示す「区間推定」 ……………………………………………… 173
6. サンプル数が多いと、どう変わる？ ………………………………… 177
7. 99％の信頼度のときの区間推定 ……………………………………… 179

- ⑧ t分布、χ^2分布へ ……………………………………………… 182
- ⑨ 視聴率はどう推定しているのか？ ………………………… 184
- ⑩ アンケート回答数はいくつあればよいか？ ……………… 187
- ◉統計学ゼミナール──スチューデントのt分布 …………………… 189

6章 仮説を立てて、正しいかどうかを確率で判断する！

- ① 紅茶婦人から仮説検定が始まった？ ……………………… 192
- ② 仮説検定とはどういうものか？ …………………………… 198
- ③ 片側検定？ 両側検定って？ ……………………………… 202
- ④ 仮説検定の手順 ……………………………………………… 205
- ⑤ 検定では2種類のミスに気をつける ……………………… 206

番外編 「人の直感」は案外、アテにならない？

- ① 賞品はどっちにある？ 確率は1/2？ …………………… 210
- ② 難病の陽性反応をどう考える？ …………………………… 216
- ◉統計学ゼミナール──意外や意外、横綱は「平均以下」の体重？ …… 222

カバーデザイン◉井上新八
DTP◉富岡雅子（明昌堂）
イラスト◉角田祐吾（明昌堂）

プロローグ

ゴミデータからは、ゴミ解析しか生まれない！

統計学の本というと、「平均」「分散」などから話が始まります。そのとき、事例として出て来るデータには何の疑問ももちませんが、実際にデータに接する場合には、どのような背景から生まれてきたものか、少し気にかけておいたほうがよいケースもあります。まず、それを2人の会話形式で示してみました。

もう1つ、統計学を勉強すると、データ分析を職業としない人でもどんな役に立つのか。それを3つの統計クイズで考えてみることにしました。

1 たった900世帯のデータでOK？

いったん統計学の世界に入ってしまうと、データが生み出されてくるプロセスには目が向かなくなります。そこでスタートとして、データそのものがどう生み出されてくるのか、プロローグでは2人の会話で見ていくことにしましょう。

― 先輩って、これまで統計学を勉強してきた経験って、どのくらいあるんですか？

― 正式なトレーニングなんて、受けてないよ。ふつう、統計学って学校で習ってないでしょ。だから、社会人も学生も、独学で「統計学」を一生懸命になって勉強することになるけど、なかなか身につかない。平均は理解できるけど、次の分散、標準偏差あたりで怪しくなる。推測統計学になると……。

― じゃぁ、統計学に関心をもつようになったきっかけはなんだったんですか？

― 社会人になって、出版社で数学の本をたくさんつくってからのことだよ。編集長から「次は、多変量解析の本をつくれ！」といわれたんだけど、最初は「多変量カイセキ？　なに？　それ？」という状態だった。でも、知ったかぶりして、「考えときます」といったきり、放ったらかしにしていたんだ。

― けっこう、ひどい話ですねぇ。結局、自分自身のアンテナにかかってこないと、人は自主的には動かない、というわけですね。それで、次のきっかけは？

― 書籍から雑誌（月刊のデータ誌）に異動し、7年間担当した。その雑誌では、独自アンケートを取りまくっていたから、「自分で独自データをつくっていた」という珍しい側にいた……「統計学とのつき合い」といえば、そんなものぐらい。

― へぇ～、いつもアンケートづくりをやっていたんだ。どんな相手にアンケートを送っていたんですか？　手順は？

企業相手の雑誌だったので、調査対象も全国の中堅・中小企業を選んでアンケートを送っていた。最初に企画を立て、アンケートを作成し、当月に発送する企業と企業数を決めて発送。戻ってきた調査用紙を集計し、円グラフや棒グラフに加工する。最後に専門家にそれを見てもらって話を聞き、専門家の分析をベースにして原稿を書いていく……。それがシゴトだった。

当時もいまも、独自アンケートを毎月掲載するデータ専門誌なんて、他にはなかったからね。でも、僕が編集長を降りてからは、オープンデータ*¹を扱うことが多くなった。いまは休刊中。出版社で「休刊」といえば、事実上、廃刊のことだね。

 データ誌って、地味ですからね。そのアンケートって、何社ぐらいに発送して、回収率はどのくらいあったものなんですか?

 1回に3000社ぐらいに発送して、戻りは350社〜800社ぐらいかな。テーマによって回収率にはけっこう、バラツキがあったよ。

 350社〜800社? 少なめの400社とすると、そんな少ない数で分析しても中小企業全体の状況と大きな誤差を生まないんですか?

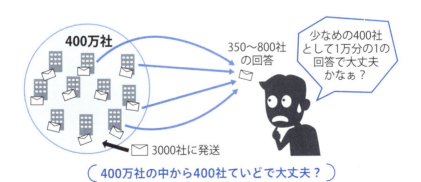

(400万社の中から400社ていどで大丈夫?)

---

*1 自分が独自調査をした「オリジナルデータ」に対して、他社(国や企業)が発表したデータを使わせてもらう場合、それを私たちは「オープンデータ」と呼んで区別していた。

「どのくらいの回答数があれば十分か」というのは、当時から僕もかなり気にしていたんだ。中小企業は全国で400万社弱[*2]だから、400社の回答があった場合、1万社に1社の割合だね。結論からいうと、サンプリングさえ、きちんとできていれば、400サンプルでも、大きな誤差は出ないと思うよ。

テレビの視聴率を参考にすると、いま、関東地方には約1800万世帯[*3]あるとして、そのうち、900世帯に視聴率の測定器が設置されている。ということは、2万世帯に1世帯ぐらいの割合だね。

ふつうに視聴率というと
世帯視聴率のこと

①世帯視聴率

②個人視聴率

(テレビ視聴率は関東地方で1800万世帯に900台？)

1万社に1社とか、2万世帯に1世帯とかの割合でも、ある程度、調査ができるということですね？

いや、必ずしも割合ではないんだ。「いくつのデータがあればいいか」のほうが重要で、それについては、あとで見ることにしよう。

---

*2 2017年版「中小企業白書」によると、2014年には中小企業数は381万社なので「約400万社」とした。ただし、年々、減少している。

*3 住民基本台帳（総務省）によれば、関東地区世帯数は1986万世帯（2016年1月1日現在）だが、テレビ視聴率を調べている業者の1つビデオリサーチ社によれば、関東地方の調査エリア内のテレビ所有世帯数を1856万7000世帯と推定。同社は、2016年10月から関東地方での調査世帯数を600世帯から900世帯に変更した。

そのデータ、信頼して大丈夫？

統計学を机上で勉強するときは、「データの信頼性」に疑いをはさむことはありませんが、現実問題としては「どうやって生まれてきたデータなのか？」にも気をつけておくことが必要です。意味のないデータを分析しても役に立たないからです。

> アンケートの話はこの辺りで切り上げておこう。ただね、データを分析するにあたっては、アンケート段階というのは「初めにデータありき」という意味で非常に大切なんだ。それは次の言葉だよ。「ガベージ・イン、ガベージ・アウト」

> あ、コンピュータの本で読んだことのある言葉ですね。たしか、「ゴミデータからは、ゴミみたいな結果しか出てこない」とかいう意味だったわ。

> そうなんだ。不正確なデータを入力すると、不正確な出力しか生まれてこない。困るのは、データが不正確でも、Excelなどに入力すると、「それっぽい解析結果」が出てくることだね。だから、アンケートのような場合、どうやってデータを取ったのかは、その後にも影響する大事な出発点なんだ。

> 統計学の本を読んでいる最中には、データが間違っているなんてこと、出てきませんよね……。センパイ、もしかして、データの集め方や処理で、なにか失敗した経験があるんでは？

> バレたか……。複数回答なのに円グラフで処理をしていたら、他の編集部員から、「複数回答の設問の場合、円グラフを使ってはダメなんですけど。知りませんでしたか？」と注意された。「なんで？」と思ったよ。

> ええ？　私もわからないわ。そもそも、その「複数回答」って、なに？

たとえば、5つの選択肢が用意された設問があって、「1つだけ選ぶ」というのが「単回答方式」と呼ばれるもの。でも、場合によっては「該当するものすべて選んでください」とか「3つまで選べ」といった設問もあるでしょ。それが「複数回答方式」だよ。

へぇ〜、ゼンゼン、知らなかったわ。どういうグラフならいいわけ？

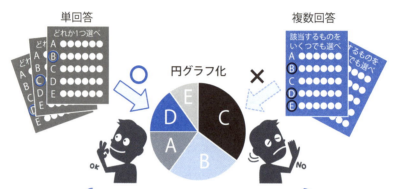

（複数回答の設問では、円グラフはダメ）

複数回答の設問だったら、円グラフではなく、棒グラフだね。件数か、比率を棒グラフで処理する[*1]。円グラフは厳禁。
ほかにも、データ処理で失敗したよ。データをグラフ処理した後、専門家にそのグラフを見せて意見をもらいに行くんだ。要するに「データを見ての分析」だね。

「データの分析」ということは、統計学的な分析をしていたんですね？ たとえば平均、分散、標準偏差……。あれ？ これ以上、統計学の用語を知らないわ。

平均や四分位数（しぶんい）という指標を入れることもあったけど、分散とかは入れてないな。「データの分析」といっても、統計学的なデー

[*1] ビジネスでは、プレゼンテーションも含め、円グラフ、棒グラフなどをよく用いるが、統計学では正規分布曲線などの確率分布と呼ばれる曲線を使うことが多い。この見慣れない曲線が統計学をいっそうむずかしく感じさせている。他にも「箱ひげ図」というグラフを使うこともある。

タ分析が目的ではなく、専門家として「その回答内容やデータをどう読み解くか」というコメントのほうだね。

最初は、お小言をもらったよ。「こういう設問で、こんな選択肢だと、それを見てコメントしろといわれても、できないよ」と。そのとき、「そうか、アンケートって、回答者が選択肢を選ぶときに『あの条件はどう考えるんだろう？』とか迷わないように、それらをクリアした設問を用意しないといけないんだな」と。

🧑 条件って何ですか？ 質問をするときに、何か条件が必要なんですか？ ピンとこないけど。

👨 ある新聞に出ていたけど、「この1週間、○○鉄道を何回ご利用されましたか？」という鉄道会社からのアンケートに回答しようとして、ふと考え込んだそうだ。電車に1度乗れば、帰りも同じ鉄道を利用することが多い。その往復を1回と数えるのか、2回と数えるのか。そこで周りの人に聞いてみたら、みなバラバラな受け取り方だったそうだ。それを集計したらどうなる？

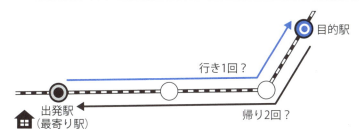

（条件を明確にしてデータをとる）

🧑 データに信頼性がなくなりますね。「往復した場合は2回と数える」とか、「この場合は？」という疑問をあらかじめ解消しておくということですね。ゴチャ混ぜデータになってはいけない！

👨 データが生み出されてくるまでには、いろいろなことがある。統計学を勉強するときには、「データは間違っていないか？」なんて疑う必要はないけれど、実際の場でデータを扱うときには、「このデータはどういう質問の仕方で出てきたものなんだろう？」「条件はきちんと示されていたのか？」と考えることは必要だと思うよ。

3 統計学って、何の役に立つの？

「いま、ビジネスの世界で統計学が話題になっているから、少しかじっておこう」と思っても、統計学はなかなか身につかないものです。そもそも、統計学を勉強してどんな役に立つのでしょうか。

▶ 統計学のシゴトはホントにセクシーか？

「今後10年間で最もセクシーな仕事は、統計学者だ。冗談抜きで」[*1]という言葉が一時期、ビジネス界で話題となり、統計学への注目度をさらに高めることになりました。

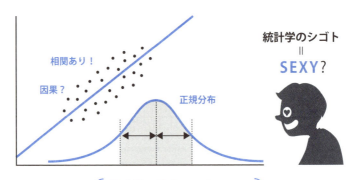

（統計学の仕事はセクシー？）

しかし、ほとんどの人、たとえばビジネスパーソンの多くは統計学者になるわけでもないし、データ分析を本業とする人の割合も多くはないでしょう。そうすると、一般の人にとって、統計学を勉強する意味はどこにあるのでしょうか。苦労して統計学の本を読み、勉強する以上、何か現実的な役に立てたいものです。私自身の考えは、

[*1] I keep saying that the sexy job in the next 10 years will be statisticians. And I'm not kidding.（Google社のチーフエコノミスト、ハル・ヴァリアンの言葉）。「sexy job」は「魅力的な仕事」といったところか。

統計学で「成功する確率を高める方法」を身に付けられる

という点です。具体的にいうと、
- 推測力（推理力）をアップできる
- 根拠のある説明、議論ができるようになる

の２点にあると思っています。

▶ 一を聞いて十を知る

統計学とは「一を聞いて十を知る」方法です。それが「推測力のアップ」につながります。

シャーロック・ホームズは、まだ何の情報もない初対面の人であっても、会ったとたん、「アフガニスタンからのお帰りのようですね」と相手のドギモを抜くことがよくありました（これはホームズがワトソンに初めて会ったときの言葉）。

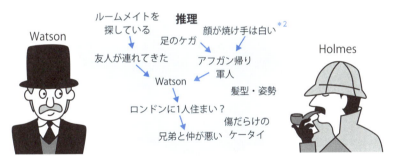

（ホームズは初対面の人の状況をひと目で見破っていた）

その後、なぜ初対面にもかかわらず、その性格、仕事内容、置かれた状況を的確に見抜けたのか、その謎解きをホームズが説明していくと、「なぁんだ、わかってしまえば簡単な話じゃないか」といわれて多少機嫌を損

---

*2 ここでの推理はテレビドラマ版「SHERLOCK」の「ピンク色の研究」による

ねる、という展開になるわけです。ここで、いつも共通しているのは、
「**わずかな外観から本人の経歴、素性、性格などを素早く見抜く**」
という点です。本来、推測である以上、外れる可能性もありますが、高い確率で当てていく（外さない）ためにはどうすればいいのか。

統計学の場合も、事情がよく似ています。全部のデータ（相手の詳細情報）は手許にはない。けれども、わずかなサンプルデータ（目の前の相手の姿）なら手許にある。そのデータをもとに高い確率で「このデータにはどんな特徴があるのか（相手はどんな人間か）」をいい当てる。それも、決して当てずっぽうではない。つまり、
「**科学的な手順に従えば、確率の高い推測ができる**（いい当てられる）」
——これが統計学（推測統計学）の役立ちです。統計学を使って、私たちは「おおもとの姿」（母集団という）を少ないデータからあぶりだしていくわけです。考えてみると、ホームズの推理方法によく似ています。

推測力とか推理力というのは、たしかに長年の経験やカンからも養えます。しかし、それだけでは思い込みが入ったり、ときには目を曇らせることもあります。それに、「カン」だけでは他人を説得しにくいものです。

そんなとき、「数値」や「確率」を駆使して説明すれば、周りの人にも説得力をもちます。また、あなたのボスから「おれの経験からすると……」とツルの一声が発せられた場合でも、数値や確率的な思考で示せば、感情的な衝突もうまく避けられるでしょう。その心強い味方になってくれるのが、統計学というわけです。

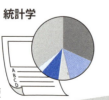

確率の高い推測をするために

4 役立ちを知るための3つの統計クイズ

具体的な「役立ちのイメージ」をもってもらうため、3つのクイズを用意してみました。「そうか、こういう場面で役立つのか」と感じてもらえるはずです。

▶ **紅茶婦人の真偽をどう判定するか、その方法を考える**

次の3つのクイズは統計学でも有名なエピソードをもとにしたものです。あなたならどう考えて対処するでしょうか。

統計役立ちクイズ1

イギリスでティーパーティが開かれている。ある紅茶好きの貴婦人が、「初めに紅茶を入れ、次にミルクを注いだものか」、「初めにミルクを入れ、次に紅茶を注いだものか」で違いがあるから言い当てられるのよ——という。その貴婦人がいっていることはウソか、ホントか、それをどのようにして見抜けばよいか。判断する方法を考えてください。*1

（紅茶婦人の話はホント？　ウソ？）

---

*1　この「紅茶婦人」のエピソードは、イギリスの統計学者R・A・フィッシャー（1890～1962）の『実験計画法』という本の中に紹介されている一節。その後、2003年になってイギリスの王立化学協会が正式にプレスリリースで「味が異なる（成分）」ことを公表したという話もあるが（現在はHPから削除）、それに関してはジョークという見方もあり、現時点では真偽のほどは不明。

その場に居合わせた紳士淑女の面々は、「ミルクティーはいったん入れてしまえば、ミルクが先だろうが後だろうが、そんなことで味に差が出るはずがない」と一笑に付したかもしれません。けれども、実は誰も気づいていないだけで、どちらが先かでミルクの温度変性などで味が変わり、その貴婦人の主張が正しい可能性もありえます。あるいは真っ赤なウソなのか。あなたならどうやって確かめるか、ということです。

　「婦人は味の差を判断できない（ウソをついている）」というのは簡単ですが、それだけでは多くの人を納得させる説明や根拠を示せていません。ポイントは「**どのようなテストを婦人にすれば、客観的な判断ができるか**」という点にあります。

　ウソをついていても、「まぐれ」とか「たまたま」で、1/2の確率で言い当ててしまう可能性があります。2回続けて当たっても、そのぐらいならデタラメに答えても「まぐれ」もあるでしょう（1/4の確率）。では、3回連続なら？　4回連続なら？　5回続けて当てたならどうでしょうか。さすがに5回連続（確率は1/32≒3％）くらいになると、「待てよ、まぐれではないのかも。ホントにわかっているのかもしれないな」と考え始めます。

　この話のテスト方法については後の章（番外編）に委ねますが、結局、「確率を根拠にして判断する方法を考える」ということです。これが統計学が確率をベースに考えている理由です。

　ただし、これは高い確率であって、「常に、外れる可能性をもっている」ということを忘れないでください。

　統計学は神の判断ではないのです。

▶ スタンフォード大学に留学するのは誰か？
統計役立ちクイズ 2

いま、X社に2人の優秀な社員がいる。1人は営業部で大きな業績をあげてきたAさん、もう1人は研究開発ですぐれた製品を開発し続けているPさん。今回、会社に最も貢献した人をスタンフォード大学（米国のシリコンバレー）に1年間、特別留学させることにした。Aさん、Pさんのどちらを選べばよいか。その方法を考えてください。

このクイズのポイントは、「2人の部署は異なるから、直接の比較はできない。そこで別の方法を使って『同じ条件』にして比較する」という点です。たしかに「同じ条件」にもっていくことで（多少、強引ですが）、営業部にも研究開発部にも「なるほど」と納得してもらえそうです。

異なるグループですから、そこに属する各人の貢献度を示した分布（グラフ）は異なるはず。この異なる分布（グラフ）を、なんとか共通にできないかと考えてみる……。

現実によくあるこのようなケースでも、統計学の有名な分布を使うことで、2人の貢献度を客観的に比較し、優劣をつけることができ、それによって、「2つの異なるグループでの比較が可能」となります。

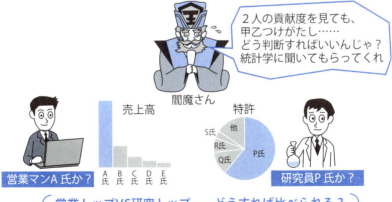

（営業トップVS研究トップ──どうすれば比べられる？）

▶ 定説を疑え、第三の道を考え出せ！

統計役立ちクイズ3

いま、あなたは大リーグの監督候補として、オーナー面接を受けている。オーナーは「無死1塁の状況で最も得点効率の高い方法を考えて欲しい。ただし、ランナーの走力、打者の打率、現在が終盤かどうかなどは考えなくてよい」という。あなたならどう考え、答えますか。

　野球通の人が読むと、「非現実的な状況設定だ。野球オンチもはなはだしい」と叱られそうですが、ここはクイズとしてご容赦ください。

　さて、野球で無死1塁となると、通常は、①バント策か、②強攻策（ヒッティング）でしょう。筆者も高校時代、弱小硬式野球部に所属していましたので、この場面はバントが定石でした。

　バント策を取れば（成功すれば）、得点圏内にランナーを進めることができますが、その半面、自らワンアウトを相手に献上することになります。野球はスリーアウトで攻撃を終えますので、貴重なワンアウトを無条件に相手に与えるのが得策かどうか。

　頭の中をいろいろなシーンがよぎります。もしセカンドでアウトになれば、走者とバッターとが入れ替わるだけ（ワンアウトが増えるだけ）だし、バントをして相手が暴投などをしてくれれば、大量点につながるかもしれない……。

（バントをして「1死を献上する」のはホントに得策か？）

▶ 思いがけない方策が統計学からもたらされる？

いや、そんなよけいなシーンは考えなくていいのです。ここで考えるべきことは、「**得点率を高めるのはどっちか？　そのデータを調べる**」という、それだけのこと。オーナーには次のように答えればよいでしょう。

「このチームの過去の試合から、①無死1塁でバントをしたとき、②無死1塁でバントをしなかったときの両方について、『その後の得点率』を調べてから判断する」と。実際には、バッターボックスに投手が入っている場合、ホームランバッターの場合、イニングが中盤の場合……など、できればそれらの条件下のデータも調べるべきでしょう。

いずれにせよ、過去のデータを調べると、バント策でも、強攻策（ヒッティング）でもない、第3の方法が見えてくる可能性があります。たとえば、「フォアボール狙い」という方策[*2]です。「無死1塁」のシーン……。

- 走者はリードを大きめにとって相手投手を揺さぶる
- 走者を警戒させることで、打者に外す球（ボール）を多く投げさせる
- 打者は『打つ』ことよりも『ボールを振らないこと』を心がける

……こうして、打者はフォアボールを狙います。ランナーを溜めるという意味では、クリーンヒットもフォアボールも同じことです。

もし、「フォアボール作戦」という考えをチーム内に浸透させ、それでランナーを溜めることができれば、1球目にクリーンヒットするよりも、相手投手を苦しめることになります（球数や神経）。結果的に、エースを少しでも早く引きずり下ろせれば、試合をそれだけ有利に運べます。

他にも、「ゴロではなく、フライを打て！」（フライボール革命）という、従来の野球常識を覆す方策も、データ野球[*3]から生まれています。

[*2] 大リーグ・アメリカンリーグ西地区のオークランド・アスレチックスの事例がある。同チームのビリー・ビーンGMは、それまでのデータを洗い直し、統計学的な手法を導入することで、盗塁・バント・打率などの評価基準を改め、出塁率を重視する方向に転換した（得点に結びつく行動を重視）。その結果、選手の年俸総額が低くても（弱小チーム）、ヤンキースなどの強豪チームに負けないチームをつくれることを考案し実証。その中で、「無死1塁では、フォアボールを狙う」という戦法も取り入れた。ブラッド・ピット主演の映画「マネーボール」はこのときの逸話をもとにしたもの。原作は『マネー・ボール』（M・ルイス著）。

[*3] 2017年、ヒューストン・アストロズはワールドシリーズを制覇。年間100敗の弱小チームが、統計学者・物理学者を動員してのデータ野球によりチームが一変した、とされる。

「フォアボール狙い」や「フライを打つ！」なんて策は、従来の野球常識からすると奇策としか映らないかもしれませんが、統計学が示唆した思わぬ策（成功確率の高い策）なのです。
　最近、このような「思わぬ体験」を私たち自身も日常生活で感じることが増えてきているのではないでしょうか。たとえばスマートフォンのアプリで「電車の乗換案内」などを見ていると、「こんなルートがあるの？こっちの乗り換えのほうが早く着いて、しかも安い！」と、自分では考えもしなかったルートを教えてもらうことがあります。

　過去の定説（バント策か、強攻策かの２択）に無条件に従うのではなく、**「成功するために最も確率の高い方策は何か」**を考えていく。そのためには、統計学を勉強し、その考え方を知ることで、統計学はきっとあなたに「仕事や生活をうまくやっていく確率の高い方法」を伝えてくれるはずです。
　そうです。統計学を学んで「分散」や「推定」などの統計手法を覚えることはもちろん大事ですが、それがすぐにシゴトに役立つわけではないでしょう。それよりも、**多くの人にとっては「確率的にモノゴトを考える習慣」を身に付けられるようになる**――それこそが統計学を学んで得られる真の贈り物だと私は考えています。魔法のランプの精のように、統計学はあなたの強い味方になってくれるのです。

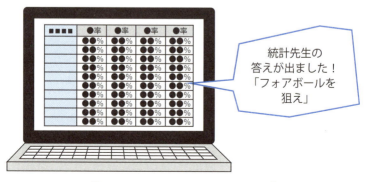

（思わぬ策、新しい得点の取り方）

1章
急がば急げ、統計学のイッキ読み！

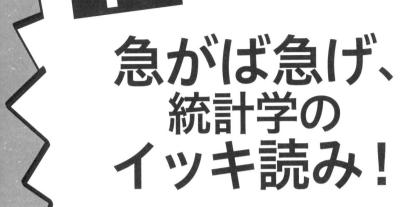

「統計学の道は、長く険しい道」——ひたすら、難解な概念と計算に格闘。結果として、道半ばで挫折し、沈没しがちです。それならいっそのこと、駆け足でもいいから「統計学の全体像」をイッキにつかんでしまおう——細かなことは後の章で。「急がば急げ」の精神で、いったん、ざっくりと統計学の大枠を理解してしまいましょう。話はそれからです。

1 「統計学マップ」をアタマに入れておく

最初に「統計学の全体像」を示すマップ（地図）をアタマの中に入れておきましょう。そうすることで、「いま、自分がどこにいるのか」もわかります。

統計学を見ていると、「統計学・多変量解析・統計解析」[*1]という似た言葉が出てくるものの、結局、わからないまま進みがちです。そこで最初に、言葉の交通整理をするためにも、「統計学マップ」をアタマの中に入れておきましょう。

まず、高校時代の方程式、微分積分などを「純粋数学」とすると、統計学は「応用数学」と呼ばれるものです（その範囲は必ずしも定まっていない）。

純粋数学（理論）
代数（方程式など）
幾何（図形）
解析（微分・積分）
基礎論（記号論理） …

応用数学
確率
情報理論 ……
統計学

統計学
記述統計学
推測統計学
ベイズ統計学

その「**統計学**」は記述統計学、推測統計学、ベイズ統計学の3つに大きく分けられます。もう一つ、「**多変量解析**」という、2つ以上の変量を扱うものもあります。

以上の4つを統計の基礎理論とすると、**統計解析**は仕事に役立てる応用編と位置づけられます。

[*1] 「統計学・多変量解析・統計解析」などの区分は人によって異なる。また、書店で売られている本では互いにカブることが多い。その理由は「統計解析」というタイトルをつけてもベースとなる統計学について触れないわけにはいかないためで、そのさじ加減は著者により異なる。

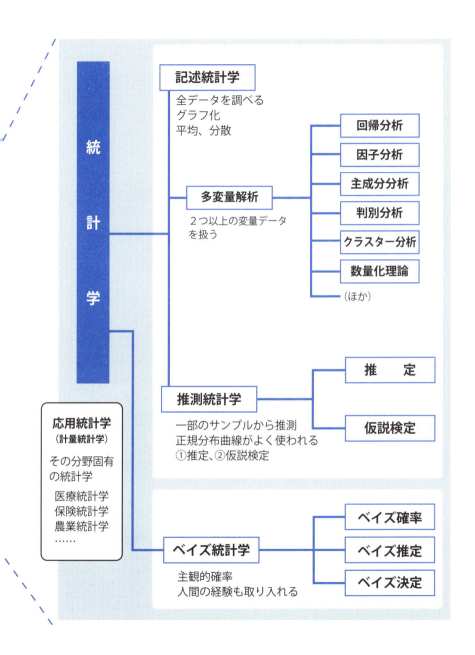

2 生データを1つの代表値に
──記述統計学①

データ全体の中心はどこにあるのか、データのバラツキ具合はどの程度か、それをグラフ化するとどうなるのか……。20世紀初頭までは、この「記述統計学」が統計学の中心でした。

▶ 生データが集まると「かえってわかりにくい」?

　統計学といえば、まず「<u>記述統計学</u>」(descriptive statistics)から始まります。記述統計学とは、調査対象(おおもとの集団)に対して全数調査をキホンとし、その特徴を記述することを目的とした統計学のことです。19世紀末〜20世紀の初めまでは、統計学といえば、この「記述統計学」を指していました。

　記述統計学のポイントは2つ。1つは、対象とする「まとまり」がクラスや会社のように比較的小さく、その**全データを集めやすい**ことです。

　たとえば、中学校の秋の学芸会の出し物として、クラスで「合唱、演劇、コント」の3つから何かを選ぶ場合、クラス全員の投票結果(データ)を入手することはむずかしくありません。

　会社でも同様です。労働組合が全従業員に夏季賞与に関するアンケート

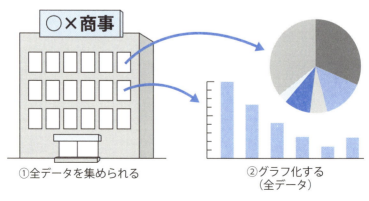

①全データを集められる　　②グラフ化する
　　　　　　　　　　　　　　(全データ)

(記述統計学では、①全データを集める、②グラフ化が特徴)

を取り、会社に賞与要求額などを提出する際、その基礎データをつくります。多くの場合、全従業員からデータを集めることが可能です。

2つめは、そのデータをもとにグラフなどをつくり、データを見える化する（記述する）ことです。グラフ化することで、データの特性や規則性などの発見にもつながりやすくなります。

学芸会の例であれば、棒グラフや円グラフにすることで多数意見が一目瞭然ですし、会社であれば、不良品の発生をグラフ化（見える化）*1することで、その傾向などを直感的に把握することに役立ちます。

ところで、「データは多ければ多いほどよい」と思うかもしれませんが、生のデータのままでたくさん集まれば集まるほど、それに反比例して、おおもとの集団の傾向、問題点などが見えにくくなっていきます。

たとえば、ある会社の営業1課10人の残業時間（1か月）を下図のようにカードに書き並べてみると（38時間、52時間……）、たった10人の残業データであっても、そこから何らかの特徴・傾向を読み取ろうとしても、悲しいかな、数字がスムーズにアタマに入ってきません。

（生データだけが集まっても、かえって扱いにくい）

▶生データをそのまま見るより、1つの代表値！

もし、これが10人のデータではなく、「10人を代表するような1つのデータ」だけが書かれてあれば、ひと目で「全体像」をつかめ、とても便利です。その一例が「**平均**」（平均値）*2です。

---

*1 「見える化」という言葉は、もともとはトヨタ社内から出た言葉（トヨタ語）の1つとされている。

このように、全体を1つのデータで代表する値のことを「**代表値**」と呼んでいます。通常、このようなデータは一定部分に多く集まり、それを中心にしてデータは上下にバラつきますが、その中心的な傾向を示すのが代表値です。代表値には平均、中央値、最頻値の3つが有名です。

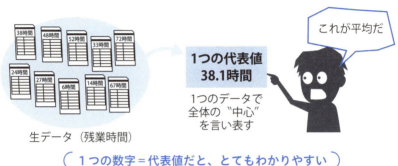

　この平均値が1つあるだけで、**他部署との比較も容易**になります。営業1課10人の5月の平均残業時間が38.1時間、営業2課が27.6時間なら、両者を比較することで「1課の38.1時間という残業時間は2課よりも10.5時間も多いぞ、業務量が偏ってはいないか？　季節的な要因か？　たまたまか？」と、残業の多さを客観的に見ることができ、原因を探すきっかけとなります。

　他部署との比較だけでなく、**過去との比較も容易**です。もし、3年前からの同月の平均残業時間が15.6時間、18.2時間、21.3時間であれば、営

＊2　アドルフ・ケトレー（1796〜1874）の提唱したものに、「平均人」（l'homme moyen）という概念がある。これは「社会的に正規分布の中心に位置する人」といった意味。正規分布の中心は「平均（平均値）」なので、文字通り「典型的な人」と考えていい（実際には平均人とピタリの人は少ないかもしれないが）。また、ケトレーは国勢調査の指導なども行ない、人の理想的な「身長・体重」の関係を数値化した。現在でも使われるBMI指数（体重wキログラム、身長hメートル）はBMI＝w÷h^2で表わされるが、これはケトレーの提唱によるもので、健康面への貢献度も大きい。ナイチンゲール（英）はケトレーを崇拝し、ナイチンゲール自身、統計学の分野で大きな功績をあげている。

業1課の38.1時間という今回の残業はなんらかの理由で急増していると判断でき、対策は急務といえます。

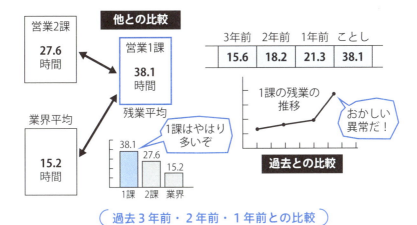

（過去3年前・2年前・1年前との比較）

▶ **代表値には3種類ある**

このようなことから、データを集めたときに最初にやるべきことの1つは、「**データ全体を1つで表わせる代表値**」を見つけることです。前ページでも述べたように、代表値とは「データ全体の中心的傾向を示す値」のことをいい、次の3つがよく知られています。

- **平均（平均値）**……全体の数を足し、それをデータ数で割ったもの。データ全体の重心のようなものに該当する
- **中央値**……………データを小さい順に並べたとき、ちょうど真ん中の位置にある値のこと
- **最頻値**……………データの中で、一番多く現れる値（最頻）のこと

なお、これら3つの代表値のイメージについては、次ページの図を参照してください。

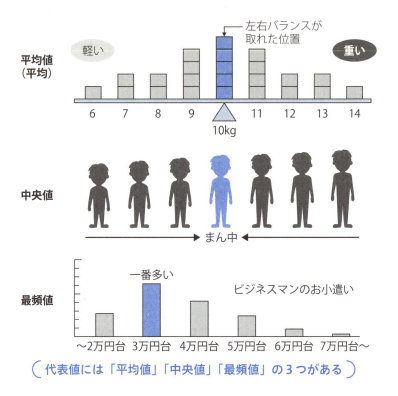

代表値には「平均値」「中央値」「最頻値」の3つがある

　代表値とは「中心的な値」だといっているのに、どうして3種類もあるのでしょうか。それは上記に示した通り、「中心」というときのニュアンスが少しずつ異なるからです。

　この3つの代表値の中では、平均が「代表値の中の代表値」として統計学のなかで最も多く使われますが、この3つの代表値が、

・平均　≒ 中央値 ≒ 最頻値
・平均　＞ 中央値 ＞ 最頻値
・最頻値 ＞ 中央値 ＞ 平均

のように、おおもとのデータの分布具合によって、さまざまなケースが生まれます。それらについては3章で見ることにします。

データのバラツキ度?
──記述統計学②

いま、代表値というツールを手に入れましたが、この中心的なデータだけでは、データ全体をうまく言い表わせないことがあります。

▶代表値を補う「バラツキ」のデータ

　代表値は、たった1つでデータ全体の「中心的な傾向」を示すことができる、とても便利な指標です。けれども、大きな問題があります。それは**データ全体がどのように散らばり、バラツキの度合いはどの程度なのか**については、「代表値」を見るだけではサッパリわからないことです。たとえば、下図はすべて平均が同じですが、これら5つのグループが「同じ特徴をもっている」とは、とてもいえそうもありません。

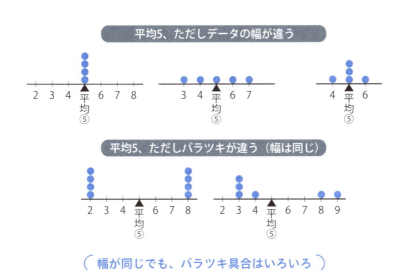

（幅が同じでも、バラツキ具合はいろいろ）

　そうすると、「データの範囲はどこからどこまでか」というデータの幅、あるいはデータのバラツキ具合も知っておきたいものです。このように、データの幅やバラツキを表わしたのが「**散布度**」と呼ばれる次の値です。

（3つの散布度）
　①<u>分散（標準偏差）</u>……「データのバラツキ具合」を示す値の1つ。分散と標準偏差は、本来は同じ内容であるため、ほとんど同義語として使われている（値は異なる）。
　②<u>四分位範囲</u>………………下から数えて1/4の場所にあたる値（第1四分位数）から3/4の場所にあたる値（第3四分位数）までの幅をいう。中心付近のデータのバラツキ具合を見る目安となる。なお、第2四分位数は中央値に等しい。
　③<u>範囲</u>…………………………データの存在する幅（最大−最小）を示す値。

▶「分散」のイメージ

　分散（標準偏差）については3章でくわしく述べますので、ここではイメージだけ、先にお伝えしておきます。

　分散は、下図のように「各データと平均値との差（偏差という）」をそれぞれ2乗してすべて足し合わせ、それらをデータ数で割ったもののことです。文字で書くと複雑そうですが、絵で見ると理解しやすいと思います。

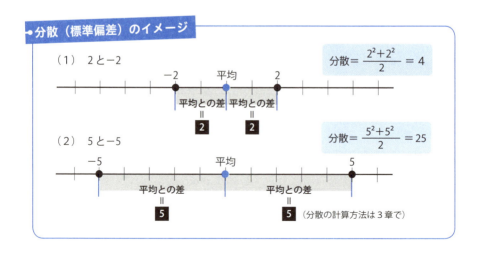

分散（標準偏差）のイメージ

（1）　2と−2　　　分散＝$\dfrac{2^2+2^2}{2}=4$

（2）　5と−5　　　分散＝$\dfrac{5^2+5^2}{2}=25$

（分散の計算方法は3章で）

まず、前ページの図のように2つの数直線（1）、（2）があって、それぞれ2つのデータ（2、-2と5、-5）の「平均」はいずれも0となっています。けれども、（1）の数直線では「各データ-平均」の差は2（正確には±2）で、（2）の数直線では5（同様に±5）です。

　このため「平均値としては同じ」ですが、平均との差が（1）と（2）とでは違っています。このとき、（2）の数直線のようにバラツキ具合が大きいと、分散の値は（1）で4、（2）で25となり（くわしい計算方法は3章）、一気に大きくなります。

　標準偏差というのは、単純に、この分散の平方根を取ったものです。ですから、（1）は分散が4なので、その標準偏差は$\sqrt{4}=2$となり、（2）は分散が25なのでその標準偏差は$\sqrt{25}=5$となります。

$$分散 = (標準偏差)^2 \quad \Longleftrightarrow \quad 標準偏差 = \sqrt{分散}$$

　分散、あるいは標準偏差は重要なものですが、決してむずかしいものではありません。ただ、説明の都合で、分散で説明したり、標準偏差で説明することがあるのはご容赦ください。

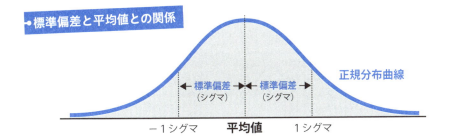

標準偏差と平均値との関係／正規分布曲線／標準偏差（シグマ）／-1シグマ／平均値／1シグマ

　そして、標準偏差（または分散）は平均値と組み合わせることで上のような「正規分布」と呼ばれるグラフがよく登場するようになります。
　身長や体重のようなデータをたくさん集めていくと、平均身長（平均体重）近くに多数の人のデータが集まり、平均から離れるほど少なくなっていき、釣鐘型（ベル型）の曲線を描きます。

このような場合、平均から±1標準偏差の中に約68％の人が入り、±2標準偏差の中に約95％の人が入ってくることが知られています。

ですから、平均と標準偏差（あるいは分散）はペアで使われることが多く、標準偏差は1つの距離（単位）のようなものです。

▶「四分位数」と「最大値・最小値」のイメージ

次に、これもすでに述べた四分位数で表わされる「四分位範囲」[*1]と、最大値・最小値による「範囲（レンジ）」のイメージを見ておきましょう。

いま、19個のデータ（1〜23）があり、それを下のような数直線上に配置してみました。

この19個のデータのなかで、いちばん小さなデータが「最小値」で、ここでは「1」番目のデータ1が該当します。そして、いちばん大きなデータが「最大値」で、「19」番目のデータ23です。

ここで四分位数は「四分位範囲」でも述べたように、全データの中で、下からそれぞれ、

・1/4の位置にあるデータ……第1四分位数
・2/4の位置にあるデータ……第2四分位数（中央値）
・3/4の位置にあるデータ……第3四分位数

と呼びました。まず、中央値である第2四分位数は「10」番目のデータ

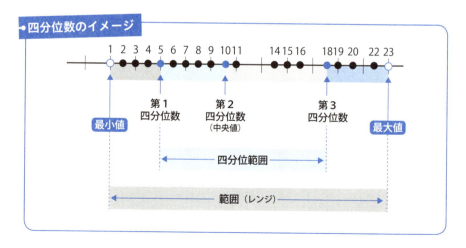

四分位数のイメージ

10が該当し、第1四分数は中央値より小さな9つの数のまん中の5、そして第3四分位数は「15」番目のデータ18となります。

そして、この第1四分位数から第3四分位数までの幅が先述した「四分位範囲」です。また、最大値から最小値までの幅のことを「範囲（レンジ）」と呼んでいます。

四分位数や最大値・最小値は分布のグラフだけではなく、「箱ひげ図」と呼ばれる下図のようなグラフともいっしょに使われます。

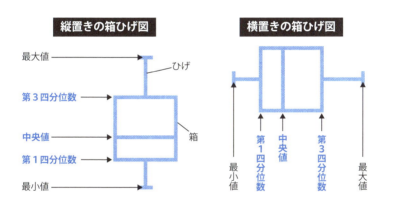

＊1　四分位数ではなく、三分位数、五分位数、十分位数というものもあるが、統計学で広く使われているのは「四分位数」。また、四分位数のことを「ヒンジ」「四分位点」ともいい、第1四分位数のことを「Q1、25パーセンタイル値、下側ヒンジ」、さらに第3四分位数のことを「Q3、75パーセンタイル値、上側ヒンジ」と呼ぶこともある。なお、ヒンジとは蝶番（ちょうつがい）のことをいう。

4 サンプルで考える
――推測統計学①

とても大きなデータ（母集団）だと、全データをとってくることは不可能なケースがでてきます。そんなときの心強いツールが推測統計学です。

▶ 全データを集めるのが不可能？　どうする？

　小さなデータを扱う場合なら、全データを集め、グラフ化し、平均値なども出しながら問題点を見つけていけるでしょう。

　しかし、もし「日本に住む全ビジネスパーソンの昼食代の平均額を知りたい」というとき、全ビジネスパーソンのデータを集めるのは事実上、不可能です。その場合、全ビジネスパーソンの集団からサンプル（数百人、数千人）をとってきて、全ビジネスパーソンの代わりとするのが現実的な対応でしょう。

　このとき、おおもとの全データのことを統計学では「母集団」と呼んでいます。そして、母集団から取ってきたサンプルデータのことを「標本」と呼んでいます。

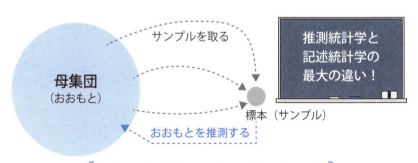

（全データが無理なら、サンプルで考えよう）

　このように、本来なら全データを集めた後、そこから平均値や最大値、最小値などを取りたいのに、サンプルデータ（標本）しか取れなかった、できれば、そのサンプルから「おおもとの母集団」を推測したい――この

要望に応えようとしたのが「推測統計学」です。

▶記述統計学から推測統計学へ

19世紀末〜20世紀初頭までの統計学（全データを集めることを基本とする）を「記述統計学」と呼ぶとすると、20世紀に入ってそれを受け継ぎ、進化させたのが「**推測統計学**」[*1]（inferential statistics）です。イギリスのR・A・フィッシャー（1890〜1962）が推測統計学の祖とされています。

いま、「進化させた」と述べたように両者は「異なる統計学」というより、包含していると考えたほうがよいでしょう。

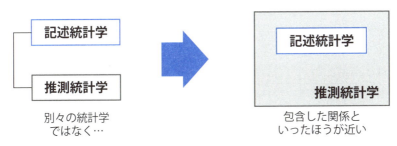

（ 2つの統計学は「違うもの」ではなく、「包含」関係にある ）

「推測統計学」の最も大きな特徴は、「母集団が大きすぎてサンプルしか取れない場合でも、その**サンプルデータからおおもとの母集団の性質を推測する方法を確立した**」という点にあります。

[*1] 推測統計学（inferential statistics）：母集団から無作為抽出したサンプルをもとに、元の母集団の性質（平均値など）を推測する統計学のこと。

ホームズのように推理する
──推測統計学②

推測統計学には①推定、②仮説検定の 2 本の柱があります。「推定」はサンプルを利用して、おおもとの集団（母集団）の平均値などの特徴を調べます。

▶「推定・仮説検定」が推測統計学の 2 本柱

　世の中には、すべてのデータを集め切ることができないケースはたくさんありますが、そんなときでもサンプルデータなら集めることは可能です。問題は、少数のサンプルデータの平均値や分散を計算しても、それはサンプルの平均値や分散であって、おおもと（母集団）の平均値や分散と必ずしも一致しない、ということです。そもそも、サンプルデータの平均値は、毎回、サンプルを取ってくるごとに変化します。

　ではどうするか？　合理的に判断するために考えておかなければいけないのは、

- どのようにサンプルを採取するとよいのか（偏らせないためには）
- どのくらいのサンプル数（標本数）が必要なのか
- どのような手法でサンプルから全体（母集団）を推測するのか
- そのときの誤差はどの程度なのか

など、その方法や手順、結果を考えなければなりません。

　このようなことを考慮しつつ、おおもとの全データ（母集団）の平均などを、95％や99％の確率のもとに「一定の区間にある」という推測ができる方法を確立しました。このため、統計学といえば現在、一般に「推測統計学」を指すようになったのです。

　推測統計学の柱は次の 2 つです。

- <u>推定（統計的推定）</u>……少数のサンプルデータ（標本）から、おおもとの集団の特徴を推測する
- <u>仮説検定（検定）</u>………おおもとの集団について、ある仮説の検証を一定の確率のもとで検定する

▶「推定」はホームズの推理に似ている

推測統計学の柱の1つ、「推定」は正式には「**統計的推定**」といいますが、略して「推定」とも呼ばれます。「推定」は、プロローグでも述べたように、ホームズの推理に非常によく似ています。つまり、会ったばかりでほとんど情報がない中でも、わずかな手掛かりをもとに理屈の通った推理をするやり方です。

本来、おおもとの全データ（母集団）が入手できれば、そこから平均値などの「代表値」を得ることは可能です。しかし、膨大な全データを入手する[*1]のは、時間的にも金額的にも無理があります。そういう場合こそ、「サンプル（標本）を取って考える」のが賢明な方法といえます。

そこで、具体的にサンプルデータから元の全データ（母集団）の代表値（平均値など）やバラツキの程度（分散、最大値～最小値など）を推定していくのです。なお、<u>推定（統計的推定）</u>の詳細については5章で扱います。

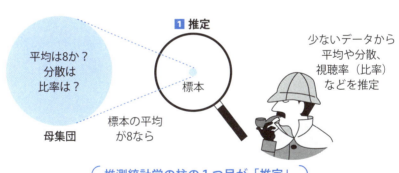

（推測統計学の柱の1つ目が「推定」）

[*1] 国民的なデータを集めるケースとしては、5年ごとに調査する「国勢調査」がある。これには670億円の経費、70万人の調査員が必要という。といっても、国家公務員や市の職員が動くのではなく、地域の自治会が担当を割り振られているのが実態。2015年の国勢調査時には私自身も自治会会長だったこともあり、役員5人を調査員に任命。彼らは約360戸に対し、平日はもとより土日の夜に至るまで、主旨説明から回答用紙を回収し終えるまで何度も訪問することになった。「国単位で全データを集める」ことは、この一事を見ても至難であることを実感する。

仮説を立てて検証する
——推測統計学③

サンプルデータをもとに、おおもとのデータに対して何らかの「仮説」を立て、それが受け入れられるかどうかを検証できます。推測統計学の2つめの柱です。

▶ 仮説検定は仮説を立てて推測する

推測統計学のもう1つの柱が「**仮説検定**」(略して検定ともいう)と呼ばれるものです。仮説検定は、「消費者の購買心理は価格が1000円を超えるかどうかで大きく変わるのではないか?」「男女のデザイン感に違いがあるのではないか?」など仮説の「正否」を一定の確からしさの基準(95%や99%の確率)を用いて判断します。

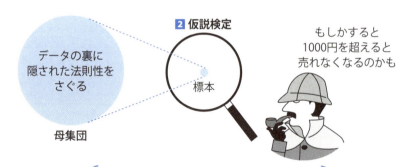

(推測統計学の柱の2つ目が「仮説検定」)

仮説検定は、何かの仮説の真偽を判断したいとき、
①"偽"と考えられる仮説をわざと立てる
②"偽"と考える仮説をデータをもとに判断する
という手順で仮説の真偽を調べます(仮説を棄却するなど)。この仮説検定の手法を使うことで、「新薬に効果があるか、そうでないか」なども検証することができます。

また、ふつうのビジネスパーソン(データ分析を専門とはしていない)であっても、この仮説検定の考え方を身に付けることは、日常の仕事にも

役立ちます。というのは、会議やプレゼンの場で何らかの意見を発表するとき、感覚やカン、経験だけで乗り切ることはむずかしくなっています。自説の根拠（エビデンス）を示すにも、この「仮説検定」のしくみや論法を身につけていれば、説得力が格段に増すからです。

なお、この仮説検定では奇妙な方法を取ります。それは、自分が「こうではないか？」と思う仮説（これを仮説Aとする）をそのまま検証（立証）するのではなく、それと逆の仮説Bを「仮説」として立てることです。この仮説Bは検証の上で「棄却」されることを期待して立てるため、これを「帰無仮説」（無に帰す）と呼び、本当は立証したい仮説Aを「対立仮説」と呼びます。

そして、「仮説Bが棄却されたことで、仮説Aが間接的に証明される」という遠回しの方法を取ります。少し複雑ですが、慣れれば手順どおりに進めることができます。これについては6章で見ることにします。

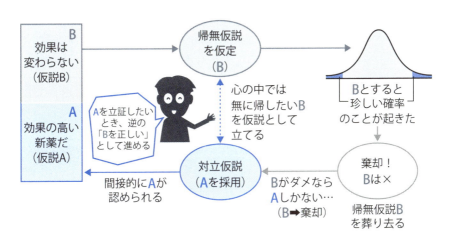

（仮説Bを立てる→Bを棄却→残ったAを採用）

▶ 推測統計学では「正規分布」などを使う

推測統計学（通常の統計学）では、「正規分布」などの確率分布を多用し、母集団の平均値を推定（統計的推定）したり、何らかの仮説の妥当性

を判断したりします。

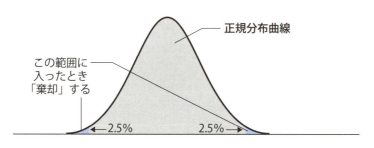

（正規分布曲線を描く）

では、判断の基準とは何か。統計学ではそれを95％、あるいは99％という確率で線引し、その妥当性（正しさ）を判断しています。しかし、95％とか99％というのは、「仮説が正しいと考えると、マレにしか起きないことが起きた（たとえば5％以内のこと）。それは仮説が間違っていたためだ」といった判断です。ただし、これは95％の確からしさでの判断であって、絶対に正しい、ということではありません。このため、判断を誤ることもあり、この5％のリスクのことを「**危険率**」[*1]と呼んでいます。

▶ 自然界には正規分布が多い？

ところで、推測統計学で正規分布曲線を利用するのはなぜでしょうか。それは身長、体重などを計測すると、そのサンプルの分布は「平均値を中心に左右にきれいな釣鐘型（ベル型）の正規分布曲線になることが多い」ということを使っているからです。次の図のヒストグラム[*2]からもそれを類推できます。

[*1] 危険率——厳密性を最大限に要求する世界では、「外れる危険性」を考慮し、危険率5％よりもはるかに高い検定が行なわれている。2015年にノーベル物理学賞を受賞した梶田隆章さんの「ニュートリノに質量がある」という発表では、危険率（たまたまの確率）は0.0000000003％に抑えられた。さまざまな世界で統計学は活用されている。

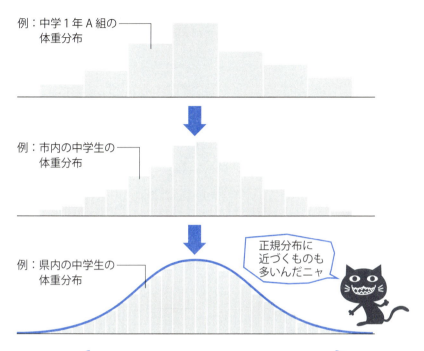

（釣鐘型　→徐々に曲線→「正規分布曲線」に）

　もちろん、すべてが正規分布に近づいていくわけではありません。家庭の貯蓄残高、会社の商品別売れ行きなどを見ると、おおむね、次ページのような右下がりのグラフになります。これを「**べき分布**」（指数分布）と呼んでいます。

　これはたとえば横軸が商品のアイテム数で、縦軸が売上などのケースを表わしています。よく売れるアイテムは左端に位置し、大きな売上をあげますが、あまり売れない商品群は右に位置し、売上（高さ）もほとんどなく、「長い尾を引いた形」になります。この長い尾のような部分をロング

＊2　ヒストグラムは度数分布図、柱状グラフとも呼ばれる棒状グラフ。ヒストグラムを見ることで、データ全体の中心がどの辺りにあり、データのバラツキ具合、さらには山（峰）が1つの単峰型か、2つの双峰型かなど、データ全体の分布状況を視覚的に見ることができ、さまざまなヒントを得られる。histo（直立にする）とgramma（描く）の合成語で、イギリスの統計学者カール・ピアソン（1857～1936）によって考え出された言葉とされる。

テールと呼んでいますが、そのような状況を示すグラフとして「べき分布」が使われます。

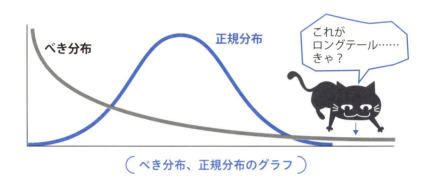

（べき分布、正規分布のグラフ）

ほかにも、サイコロを振って出る目は、1～6まで同等の1/6ずつの確率と考えられます。これをグラフにすると、一直線の「**一様分布**」になり、これも釣鐘型の正規分布にはなりません。

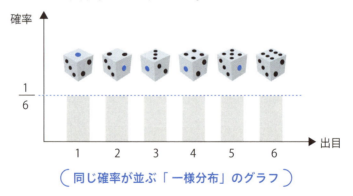

（同じ確率が並ぶ「一様分布」のグラフ）

正規分布、べき分布、一様分布など以外にも、二項分布、ポアソン分布など多数の分布があります。そして、上のサイコロの場合（一様分布）、1から6までの目（非連続量）はそれぞれ1/6ずつの確率で出るため、合計すると「1」となり、「確率分布」と呼ばれています。

また、体重のような連続量は正規分布となりますが、これも非連続量と同様、確率を表わす曲線と考えられるので、その確率分布グラフと横軸

とで囲まれる面積は総合すると「1」となり、一定の幅の面積は「確率」を表わすと見ることができ、これも確率分布といえます。

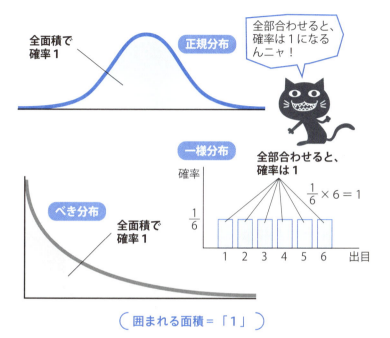

統計解析、多変量解析って、なに？

統計学の分野としてわかりにくいのが多変量解析、そして統計解析（統計分析）です。「多変量解析」の多変量とは2つ以上の変量を同時に扱い、分析することをいいます。

▶ 多変量解析で「予測」する

統計学が対象とするデータには、
- 1変量…………（例）売上げの変化、身長の変化
- 2変量…………（例）身長と体重の相関、勉強時間と成績の相関

など、いろいろなケースがあります。

このなかで2変量（変数）以上のものを扱う分野を「**多変量解析**」といいます。たとえば、上記の「2変量」の例のように、「身長と体重」の関係は小学生の頃には明瞭な相関があるといえるでしょう。そうすると、その1年後、2年後をある程度「予測」することができます。このように、多変量解析の中には、「予測」のツールとして使うことができるものもあります。

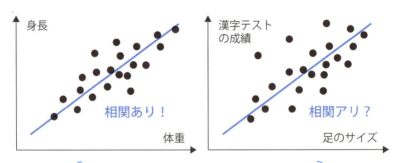

（ある相関関係から何かを予測できないか？）

ただ、小学生の足のサイズと漢字テストの成績を比較したとき、見た目には同様の相関が得られたとしても（上図の右）、そのとき、「足が大きい

子どもほど、成績が優秀」ということがいえるかどうか。この場合は学年による差と考えるべきでしょう。

相関があっても、因果関係がないケースもある（**擬似相関**という）ので要注意です。

▶ 多数の解析手法がある

もう一つ、「統計解析（統計分析）」という言葉が使われることがあります。この言葉が指す範囲については、人によって解釈が異なるように見えます。

一般に「統計学」というと、その範囲は明瞭です。つまり、平均値や分散、さらには推定・仮説検定など（記述統計学、推測統計学、ベイズ統計学）の範囲といえます。そして2変量以上を扱うのが多変量解析です。

この統計学の手法を使い、さまざまなデータを解析してビジネスなどに役立てようというのが「**統計解析**」と考えてよいでしょう。

統計学が統計全般に役立つ基礎理論を提供するものとすると、統計解析は、各業界、各応用に役立つ手法の総称といえます。

ただ、「統計解析」という名前で販売されている書籍の多くは、解析部分だけにスポットを当てているというよりも、やはり平均、分散などの説明から始めているのが実情で、そのため「区分」という意味ではわかりにくさがあります。

8 従来の統計学VSベイズ統計学

「統計学」といえば、記述統計学と推測統計学——でした。ところが20世紀後半から「ベイズ統計学」と呼ばれる統計学が認知され、統計学の勢力地図を変えつつあります。このため、新しいベイズ統計学に対比する意味で、それまでの統計学のことを「頻度論(ひんどろん)」、あるいは「伝統的統計学」と呼ぶこともあります。

▶ サンプルデータがなくても予測する？

これまでの統計学に対し、新しく登場してきたのが「ベイズ統計学」です。それに対し、従来の統計学は「頻度論(ひんどろん)」とも呼ばれます。ただし、とくに断わりなく「統計学」と書かれてあれば、それはベイズ統計学ではなく、これまで説明してきた推測統計学のことを指します。「頻度論」という言葉は、あくまでもベイズ統計学と対比するときに使われるものです。

(統計学の2つの流れ)

従来の統計学（頻度論）では、発生頻度を予測できるケースで使われていました。逆にいうと、データが少ない、あるいはそもそもデータがなければ推定しにくい面がありました。

それに対し、ベイズ統計学はサンプルデータが少なくても推定できる、いや、極論すれば、まだ1度も起きたことのないような事件（データ0）であっても、その発生確率を推定してしまうという特徴があります。

▶ 情報が更新されると、確率も変わる

ベイズ統計学のもう1つのメリットは、**何らかの新しい情報が入るたび、推測する確率も変化していく（精度を高める）**と考えます。これを「ベイズ更新」と呼んでいます。

次のようなイメージを考えていただくとよいでしょう。

昨夜、あなたが3軒の飲み屋さんA、B、Cをはしごして、タクシーDにもどこかの時点で乗車したものの、記憶が飛んでしまい、それらの順さえ覚えていません。そして帰宅後、カバンをどこかに置き忘れてきたことに気づいたとします。すると、3軒の飲み屋さんか、タクシー内のどこかに置き忘れたことになるので、それぞれの確率はこの段階では1/4ずつです（順が不明）。他に何の情報もないので、「1/4かな」と当て推量するしかありません。

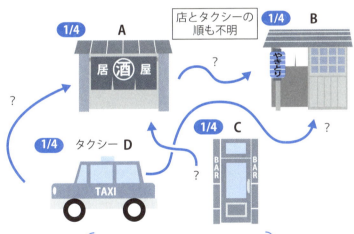

確率は1/4って、ところかな？

ところが、ここに新たな情報が加わるとどうでしょうか。「最初の店はAで、その店を出たとき、カバンはたしかにもっていたぞ」と思い出せば、カバンは残り2店のB、あるいはCか、タクシーのDいずれかですから、確率は1/3となります。さらに、「Bはなじみの店だから、カバンを置き忘れてきたら電話が入る可能性が高い」となれば、Bは確率を半分に引き

下げてもよいかもしれません。すると、Bは1/5、Cは2/5、タクシーDも2/5と変わります。

このように、いろいろな情報が入ってくるつど、「それぞれの確率も変わっていく（更新される）」と考えるのがベイズ統計学の特徴です。

ただし、確率を一律に1/4と見たり、顔なじみの店Bを他の半分の確率に変えたりといったことには、数学的な裏付けは何もありません。とても主観的な面があります（経験的には理解できる）。これがベイズ統計学をめぐる、大きな火ダネとなりました。

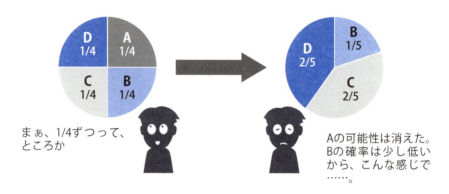

まぁ、1/4ずつって、ところか

Aの可能性は消えた。Bの確率は少し低いから、こんな感じで……。

（ 主観的な見解で確率を決めたり、変更したり ）

▶ 抹殺されてきたベイズ統計学

日本では2000年くらいまで[*1]、ベイズ統計学の存在そのものがほとんど知られていませんでした。このため、統計学の世界に彗星のごとく現れた新しい統計学理論と思う人もいるかもしれませんが、そうではありません。なんと300年近く前にイギリスのトーマス・ベイズ（1702〜1761）が考えだし、後にフランスの数学者ラプラス（1749〜1827）が確立した、

[*1] 筆者が「ベイズ統計学」の可能性（本として「売れそう！」の意味）を感じたのが2008年。前年出版の3600円の高価格本がたった1年で4刷になっているのに驚いた。現在、アマゾンでベイズ本を調べてみると、1999年に1点、次は2003年に1点、上記の本が2007年に発刊されている。これを見ても日本では「2000年」くらいまでは一般には知られていなかった、といってよいと思う。

とても古い統計学理論です。

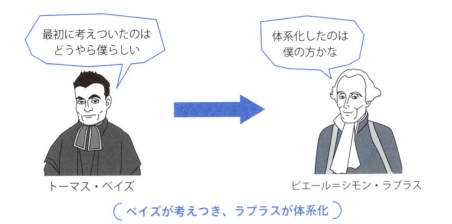

（ベイズが考えつき、ラプラスが体系化）

ところが、前出のように、ベイズ統計学では「1/4に割り振る」とか、「Bは確率を半分にして考えよう」のように、厳密な数学を適用するのではなく、経験的で「主観的」な部分を許容しています。このため、当時の数学者からは「ベイズ統計学はあいまいで、とうてい科学的な統計学としては受け入れられない！」と嫌悪されたのです。とりわけ、推測統計学の始祖R・フィッシャーは徹底してベイズ統計学を非難し続けました。

このため、少しでもベイズ統計学的な臭い（主観主義の香り）を感じさせる議論・発表があると、その学者は容赦なく学会からの集中砲火を浴びたとされます。こうしてベイズ統計学は、統計学の世界では封印され、抹殺されてきた歴史があります。

▶ 甦ったベイズ統計学

しかし、「忘れ物」の例でもわかるように、経験も加味した確率で問題を解決していく方法は、現実的な課題には向いている面があります。

とりわけ、戦時下の軍隊のように、敵軍の正確な情報が少ないなかで大きな決断を迫られるようなケースでは、ベイズ統計学が意思決定などで極秘裏に利用された[*2]といいます。

また、第二次大戦後、それらについては「機密事項」として厳しい箝口令が敷かれたこともあって（イギリス政府はドイツが第三次世界大戦を起こす危険性を感じていた等の理由もある）、ドイツのエニグマ暗号の解読に成功していた事実なども含め、ベイズ統計学の有用性が公表されることはありませんでした。

　しかし、水爆を積んだ米空軍機の墜落場所の特定など、数学的な確率が存在しない状況下で、ベイズ統計学が現実的な喫緊の課題解決に貢献してきたことは、現在では広く知られるようになりました。

　そして、2001年にはマイクロソフトのビル・ゲイツが「21世紀のマイクロソフトの基本戦略はベイズテクノロジーだ」と述べたり、Google社では迷惑メールの検出にベイズフィルターと呼ばれるメールフィルターが使われています。これは事前に迷惑メールの定義を作成しておき、さらにユーザー自身が「迷惑メール」としたものかなどで、次に来たものが迷惑メールか否かを判別します。

　このように、ベイズ統計学を実用面で利用することが増えてきたこともあり、ようやくベイズ統計学に光があたってきたといえます。

＊2　第二次世界大戦中には数学者や統計学者は極端に不足し、保険数理士などが駆り集められた。彼らは統計学の専門家ではなかったため、幸か不幸か、ベイズ統計学への評価を知らずに利用していたという。また、ナチスのエニグマ暗号をイギリスの数学者チューリングらが解読した際、それをナチスに察知されないように統計学が利用された。これは、すべてに援軍を送れば「暗号が見破られた」と感づかれるため、「連合軍がその場に居合わせたのは偶然だ」と思わせるレベルで援軍を送り、それ以外には援軍を送らない（その結果、沈められることを黙認する）――その判断基準として、統計学を用いたという悲しい利用だったという。

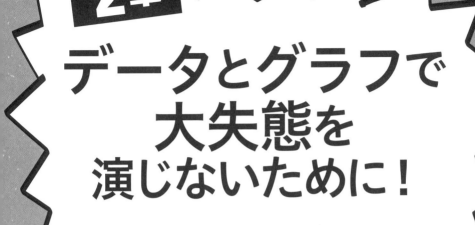

2章
データとグラフで大失態を演じないために！

「グラフ」は小学校の頃から慣れ親しんでいますし、会社で毎日のように「データ」に接している。いまさら、データとグラフなんて……。
でも、「データの型」を知っていないと統計処理で大きなミスを犯す可能性がありますし、「グラフ処理」を間違うと、ビジネスでも大失態につながります。そんなことにならないよう、データの型とグラフ処理の「常識・非常識」を扱います。

連続量データと非連続量データ？

ふだん扱っているデータにも、実にさまざまなタイプがあります。まずは、連続量データと非連続量データに分けてみましょう。

データにも種類があります。「連続量」というのは、身長（長さ）、体重、時間のように、間が途切れなく続いているデータのことです。身長170cmの人が1か月後に171cmになったからといって、あるとき、瞬間的に1cm伸びたわけではなく、少しずつ間断なく伸びていったはずです。体重も、時間も同じ。このようなデータが「連続量」です。

それに対して、「非連続量」（離散量）とはトビトビの数のことで、階段を1段目、2段目と数えても、その間には1.67段目といったものはない、といったケースです。

すると、それらの分布を考える場合、連続量データであれば隣の項目と隙間のないヒストグラムを描くのに対し、非連続量の場合は間隔をあけた棒グラフが妥当といえます。

実際には、身長も1cm単位で考えたり（非連続量的に）、1円、2円と数えるお金も連続量的に扱うこともあります。両者の違いは連続量とはアナログ量であり、非連続量とはデジタル量です。迷ったら、「小数点で表わすことのある数値かどうか」と考えてみることです（平均などは別）。

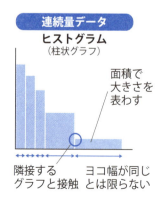

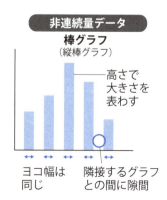

連続量データ

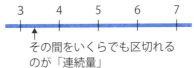

3　4　5　6　7

その間をいくらでも区切れるのが「連続量」

171cm　　　　　　　　　　　　　　　　171cm

この1cmの間で間断なく、連続的に変化をする

170cm

拡大しても、なめらかな連続曲線

体重も「連続量」

さらに拡大しても……

時間も1秒の間をいくらでも無限に区切れる

連続量・非連続量の区分は、「小数点以下」の数値があるかどうかで考える

非連続量データ（離散量）

3　4　5　6　7

間がトビトビのデータ

1の目、2の目はあっても、1.3の目はない

お金も1円、2円と数える

本やノートも1冊、2冊。

オレ様は「半人前」だから、0.5人と数えるの？

薬は1錠、2錠と数え、人間は1人、2人。家は1軒、2軒と数える……。「仕事が半人前」でも0.5人の人はいない。

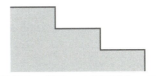
階段も1段目、2段目はあっても、1.67段目という段はない！

2章　データとグラフで大失態を演じないために！

61

2 尺度でデータを切り分ける！

人間の情報にも、いろいろな種類があります。身長や体重は明らかに数値データですが、「男／女」のような性別は、前項の連続量でも非連続量（離散データ）でもありません。これを「尺度」という別の見方でデータを分類してみます。

▶ 4つの尺度に分類すると、何がわかるのか？

前項で見た「連続量データ、非連続量データ」は、いずれも数値データでした。ふつう、「データ」というと「数値」と思いがちですが、統計学では、本来、数値でないものも「データ」として扱うことがあります。

下の履歴書を見ると、さまざまな情報が書き込まれています。これを4つの「尺度」で分類してみると、その尺度の性質に見合った処理（代表値の算出など）が違ってきます。

大筋では次ページにまとめたとおりですし、尺度を知らないと統計学を理解できない、というものでもありません。ただ、データ処理をする上で

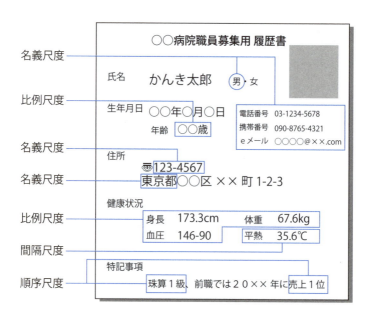

は意識しておいたほうがよい点も多いので、間違いやすい点などを中心に、次項以降の会話形式のなかでざっくりとまとめてみました。

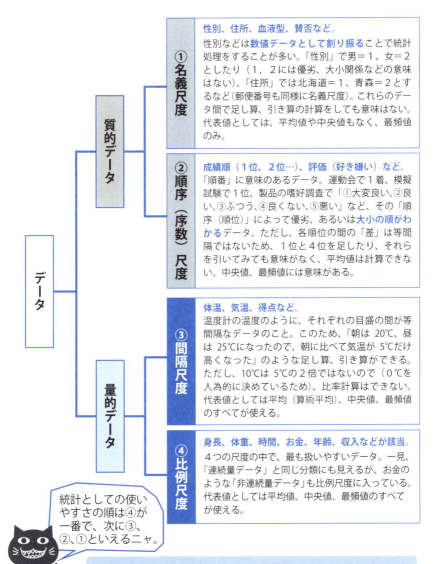

3 名義尺度は「北海道＝1」……と振ったデータ

4種類の「尺度」[*1]のトップに「名義尺度」をもってきました。それはこの名義尺度のデータがイチバン、データとしては扱いにくい、不自由なデータだからです。尺度の違いに強くなっても統計学に強くなるわけではありませんが、データの扱いには明るくなります。

▶「名義尺度」のデータって、計算できますか？

「名義尺度」とはどのようなものかというと、前項の「履歴書」の中では、「性別、住所」などが該当します。他にも、「血液型、賛否」なども「名義尺度」です。

名義尺度は本来「数値データ」ではありませんが、アンケートなどに記入する際の「本人関係の情報」には、しばしば名義尺度のデータが登場します。それらを文字のままではなく、数値データとして割り振ることで統計処理をしやすくします。

まず、「性別」では男＝0、女＝1とか、あるいは男＝1、女＝2のように、数値化することがよくあります。ここで大事なのは、この0、1とか、1、2には**数的な大小関係、あるいは優劣の意味はない**、という点です。

・数字の違いには
　「大小、優劣」の意味なし
・単に区別する意味

「住所」では北海道＝1、青森県＝2…、滋賀県＝24、…沖縄県＝47としたり、郵便番号で162-0001とか241-0101のような数値が振られていますが、これらも「便宜的に割り振られた数値」にすぎません。

優劣関係、大小関係がない、ある意味で「無意味な数値」ですので、こ

れらの数値の間で、たし算、ひき算、かけ算、わり算をしても、意味をもちません。もちろん、統計の代表値としては、平均値を出しても意味をもちません。

　何度も、「意味をもたない」と述べてきましたので、実際に計算するとどんな結果が出てくるか、見てみましょう。たとえば、北海道＝1、沖縄県＝47として平均値を出したとき（計算することは可能です）、以下のような結果が出たとしても、「なるほど！」と納得する人はほとんどいないでしょう。

$$\frac{北海道＋沖縄}{2}=\frac{1+47}{2}=24=滋賀県$$

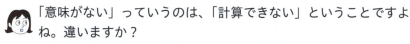　北の方から県別に数字を振ってみたら、北海道、東北、関東、中部地方までで23都道府県あるんだ。だから、24番目は近畿地方になる。その最初の県を滋賀県からカウントするのか、三重県から数え始めるかは、ケースによって違ってきそうだよね。この順番には決まりがない。つまり、名義尺度はあくまでも「数値化」するための便宜上のことにすぎず、数値も絶対的なものじゃないんだ。たし算、ひき算、かけ算、わり算のどの計算をしても「意味がない」ってことだね。

　「意味がない」っていうのは、「計算できない」ということですよね。違いますか？

　いや、計算はできるんだよ。いまのわり算だって、計算はできたでしょ。それに、（1＋47）÷2というわり算は「北海道と沖縄県の平均値」を出したようなもの、と考えることもできる。もちろん、北海道と沖縄県の2県を足したとき、それが平均温度を求めたというならまだしも（これも意味のある計算とはいいにく

＊1　4つの尺度は1946年にスタンレー・スティーブンズによって分類されたもの。広く知られているが、完全に認められたものではない。ただ、データを取り扱う際には意識しておく必要があると思う。

い)、県に割り振られた番号をモトに、「そこから出てきた計算結果を 2 で割ってみても、意味がない」ということなんだ。

あ、そういうことですか……。ちなみに、気になっていることがあるんですけど……。この「データの型」とか「分類」を知ることで、何か、統計学の勉強の役に立ちますか？ えへへ、かなり失礼な言い方だったかも。ごめんなさい。

$$\frac{北海道＋沖縄県}{2} = \frac{1+47}{2} = 24 = 滋賀県$$

こんなの、ありえへん計算や。

1 北海道

滋賀県 24

もし、24＝滋賀県ではなく、24＝三重県に割り振っていたら、この計算結果は三重県になるんか？

47 沖縄県

統計学の理解に直接役立つかどうかはわからないけれど、データ処理の理解には役に立つよ。「意味はなくても、計算結果は出せることもある」ということは、**データの型を無視して計算しても、「それなりの結果が出てくる」**ということへの警鐘だよね。でも、「このデータ型のものは、計算しても意味のないデータだ」とか、「たし算はできるけれど、わり算はダメ」とか、データ型（尺度）の特性を知っていないと、へんな計算をしてしまってもスルーし

て気づかないでしょ。

う〜ん、具体例を示さないとわかりにくいかな……。じゃあ、次の「順序尺度」のところで、データ型を知らないで計算して、ランキングなどを出してしまう、よくありそうな事例を見てみるよ。

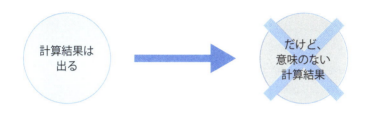

え、そんな例があるんですか。それにしても、「北海道と沖縄県を足して2で割るのはダメ」なんていうのは、ちょっと極端すぎないですか？　そこまでいわれなくてもわかると思うけれど。

「極端な事例にすると、わかりやすい、間違いにくい」ということがあるんだよ。「県別の番号を平均化すると……」というと、なんだか高尚な計算をしているように見えるでしょ。そんなときは、極端な事例で考えると、「直感的にわかる」メリットもあるんだよ。

本書の最後あたりで、数学者でさえ間違えたクイズにも少し触れると聞いているけれど、そのままだと勘違いしたり、答えを聞いても納得しにくいことでも、極端な事例を聞くと、ストンと腑に落ちることって多いんだ。

最後に聞きたいんですけど、たし算、ひき算に意味がないってことはわかったけれど、統計学の代表値はどうなんですか？

そうだね。そこが重要だよ。北海道と沖縄県の例からも、平均には意味がなかったよね。中央値はどうだろうか。名義尺度の場合、「男＝1、女＝2」とか「北海道＝1、青森県＝2……」とかは並べ方にも意味がない（小さい順などになっていないから）。だから中央値も名義尺度では取れない。ただ、最頻値は取れるよ。

4 順序尺度は「順位」をもつデータ

順序尺度とは「順番に意味のあるデータ」のことで、成績順（1位、2位…）、商品の評価（好き嫌い）などがあります。ただし、それぞれの差は等間隔とはいえません。

▶「順序尺度」には「順位」がある！

「順序尺度」とは、運動会の1着、2着……、テストの成績順位（1位、2位……）などのことです。製品の嗜好調査で「①大変良い、②良い、③ふつう、④良くない、⑤悪い」[*1]なども、数値化した順序データです。

ふ〜ん、数値を割り振っているという点では、名義尺度と順序尺度とは、あまり変わらない気がしますね。どこで区別すればいいんですか？　線引の基準は？

「順序尺度には順位がある！」って、ところだね。つまり、「順序尺度の数値は、大小の順位・優劣を表わしている」といえる。

あ、そうか。さっきの「名義尺度」のときは、都道府県の数字は単純に番号を振っただけでしたね。数字の順には大小関係もないし、優劣にも差がない、という話だったわ。でも、今回の「順序尺度」のデータだと、運動会の1着、2着とか、珠算が1級、2級とかの「何らかの順位がある」ということですね。

だけど、たし算、ひき算、かけ算、わり算は、やはりできないよ。なぜかというと、運動会の1着、2着、3着……の各順位の間（タイムなど）は「等間隔ではない」から、計算してもあまり意味がないんだ。

[*1] アンケートによる①〜⑤の回答をそのまま使わずに、①〜③と④〜⑤をそれぞれ加え、「良い」「良くない」のように加工（変換）して使うことを尺度合わせというが、そう使いたいなら、はじめからそのようなアンケートにしたほうがよいと思う。

順位だけが問題。差（間隔）はバラバラ。

🧑‍🦰 なるほどね。ところで、さっきセンパイがいっていた、データの型を無視して計算する、「よくありそうな事例」というのは？

🧑 たとえば、「どこの製品が好きですか？ 1位から3位まで答えてください」というアンケートを取って、1位の企業には10点、2位には9点、3位には1点とし、それをランキング化して「好感度10社」のように発表したとすると、どうだろうか？

＊順序尺度のデータは操作されることもあるよ

🧑‍🦰 配点を変えたら、ランキングが変わってしまいそう。あ、そうか。そもそも、間隔が等しくはないので、点数付けはできないんですよね。3点、2点、1点だと気づきにくいけど、10点、9点、1点のように極端な事例を使うと、勘違いに気づきやすいわ。

🧑 順序尺度の場合、数値データでなくても、大きい順（小さい順）とか速い順、成績や評価の良い順などに並んでいるから、中央値がどのデータであるかはわかる。最頻値も出せる。

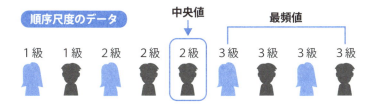

5 間隔尺度と比例尺度？

データの尺度でイチバン、わかりにくい（次の比例尺度との判別）のが間隔尺度と比例尺度の違いかもしれません。そのポイントだけ、見ておきましょう。

▶ 10℃は5℃の2倍ではない？

データ同士の間隔が等しいのが「**間隔尺度**」です。たとえば、体温（摂氏℃）、気温（摂氏℃）、算数の得点など。これらは初めから等間隔の数値なので、「データ間での計算が可能」になります。

温度でいうと、「朝は20℃、昼は25℃になったので、気温が朝に比べ5℃上がった（25℃−20℃＝5℃）」のようなたし算、ひき算が可能です。では、かけ算、わり算も間隔尺度のデータの場合にできるかというと、それはできません。なぜなら、「20℃は10℃の2倍ではない」からです。

これを解消できるのが「比例尺度」です。

さっそく、質問です！　なぜ、「25℃−20℃＝5℃」のようなたし算、ひき算ができるのに、「20℃は10℃の2倍ではない」、つまり「比率計算はダメ」と言い切れるのですか。20÷10＝2だと思うけれど。データ間の間隔が等しいんですよね。

たしかに、摂氏温度（℃）の世界だけで見ていると「2倍に見える」よね。こんなときは一歩、外の世界に飛び出してみると見えてくるよ。温度の基準を摂氏以外に変えたときでも、はたして同じことが成り立つかどうか……。
温度には摂氏温度（℃）の他にも、華氏温度（°F）の世界があるでしょ。摂氏10℃、20℃を華氏温度に直すと、50°F、68°Fになる*1。すると、68÷50＝……は、2倍にはならない。だから、摂氏温度（℃）で計測されたデータをかけ算、わり算しても「意味がない」、ということだね。

そうすると、あとは絶対温度（K）しか残らないようですが……。

 そうなんだ。絶対温度は「比例尺度」だよ。何が違うかというと、摂氏温度や華氏温度では「0」の地点を人為的に決めてしまった。マイナスの温度もありうる。

けれども、<u>絶対温度は自然界でこれ以上下がることのない温度として「0度」が存在している</u>。つまり、絶対温度には「0」より下の温度は存在しない。それも、自然界の「0」が基準となっている。だから、たし算、ひき算や比率の計算、そして平均、中央値、最頻値のどれも扱えるデータなんだ。

 そうか、「絶対温度で100Kは、絶対温度10Kの10倍高い温度」ということがいえるんですね。身長も、体重も、時間、お金、年齢も、基本的には「0」以下にはならない。売上も、いくら売上未達成とかいっても、0より下の売上はあり得ないですからね。[*1]

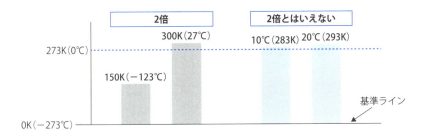

[*1] 摂氏温度（℃）から華氏温度（℉）へは、℉＝（℃×9/5）＋32で変換できる。華氏温度（ファーレンハイト度：℉）は水の凝固点（凍る温度）を32度、沸騰点を212度とし、その間を180等分したもの。摂氏温度は水の凝固点を0度、沸騰点を100度とし、その間を100等分したもの。

[*2] 「売上が0より下にはならない」といっても、形式上、例外はある。出版業界では「出荷」した段階で売上に計上し、「返品」された段階でそれを差し引く。このため、月によっては「売上そのものがマイナス」ということもあり得る。

統計学ゼミナール

パーセントとポイントの区別

　A社の会議の席上、「ライバルY社は昨年までシェア20％でしたが、今年、Y社のシェアが**5％伸びた**ようです」という報告がありました。それを聞いたA社の部長は「Y社のシェアは何％になった」と理解すればよいでしょうか。これは**統計学というより、データを正しく扱う（伝える）ための心得・常識**です。

▶20％から5％アップとは？

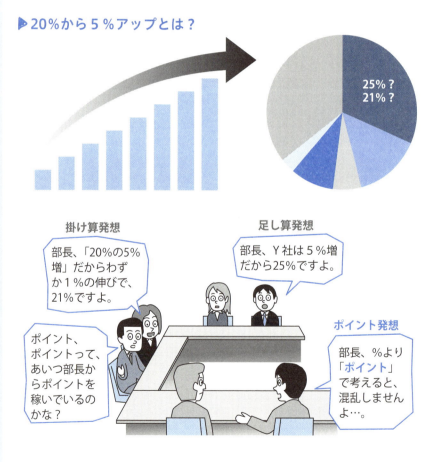

▶ 増加分を％で表示するのはミスの温床となる

足し算発想

20％＋5％＝25％増 と考える…。

これでいい？

掛け算発想

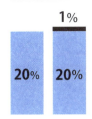

20％をもとにして「その5％増」なので、20×0.05＝1％増 と考える…。

これでいい？

う〜ん、どちらにせよ、％で表示する限り、間違いのモトだな。もっと誤解のない言い方はないのか？

↓ **ポイント発想に切り替える**

実際の差で考え、それを「**ポイント**」と呼びます。

▶「ポイント」の使い方

- 失業率が 3％から 3.35％に増えた場合、「0.35ポイント、失業率が上昇した」と使う。
- 大リーグでの 5 万試合の調査によれば、ホームの勝率は 53.9％だったが、2 時間以上も東へ移動した後は 3.5 ポイント減少し、ホームでの優位は消えていたという。

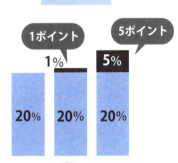

▶ 次の 2 つの方法なら、正しく伝わる

❶ Y社のシェアは昨年に比べ、**5ポイント** 伸びた

❷ Y社は 昨年のシェア**20％** からことしは **25％** へと **5％増加** した

「どうしても％を使いたい」という人は、❷のように前後の数字も入れると勘違いされにくいですよ。

6 いまさら聞けない「円グラフのタブー」

円グラフや棒グラフ、折れ線グラフなど、一般的なグラフにも、使い方のルール、タブーがあります。統計学に直接関係はありませんが、知らずに他人の前で使うと、ビジネスの素養まで疑われかねません。また、誤ったニュアンスを伝えることにもつながります。円グラフで少し確認しておきましょう。

▶ **複数回答で円グラフを使う？**

円グラフは比率（シェア）を見せる場合に有効です[*1]。このためビジネスでは円グラフが多用されますが、犯しがちなのが「複数回答に円グラフを使ってしまう」というミスです。**複数回答**というのは、次のようなアンケート形式のことを指します。

■複数回答で円グラフはタブー

上のアンケートでは「子どもに習わせたい習い事」を聞いていて、「複数回答」とあるので、1つだけでなく、いくつかの項目に○を付けてもいい、ということです。このため回答率を合計すると100％を超えています（回答総数100人で割った場合）。このままでは円グラフを描けません。

苦肉の策として、○を付けた数（150）で割って比率を出し、円グラフ

[*1] 逆に、円グラフには「大きさ」「時間的経緯」などを表示できないデメリットがある。

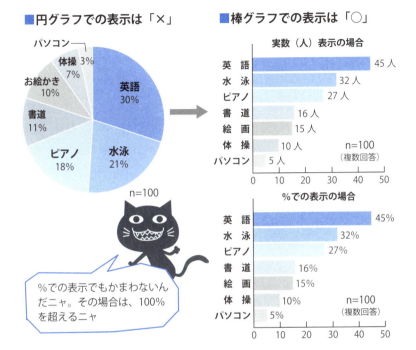

をつくってみたのが左上の円グラフです。

「円グラフができた!」と思ったかもしれませんが、円グラフの中の数字を見ると、どうでしょうか。アンケート結果では、英語は45%だったのに、仕上がった円グラフでは30%のスペースになっています。100で割らず、150で割ったことで円グラフの形で表示できましたが、実態を反映していません。

こんなときは円グラフでの処理は諦めて、棒グラフを利用します。右上のグラフでは、ヨコ棒グラフで表わしましたが、もちろんタテ棒グラフでもかまいません。このとき、件数(人数、個数など)で表わしても、%表示(比率)で示してもかまいません。%表示の棒グラフをつくれば、合計で100%を超えることになります。

なお、棒グラフの欄外には「複数回答」であることを示します。また、円グラフ、棒グラフにかかわらず、回答数(その設問に実際に回答した数)

を「n＝100（人）」のように記載するのも忘れないようにしてください（nはnumberの略）。nはアンケートを送った数や戻ってきた数ではなく、あくまでもその設問に「回答」してくれた実際の数を書きます。

▶ 立体円グラフは使わないほうがよい

円グラフでは比率をもとに作図しますが、その正確性を求められる場合には、円グラフを立体化した「3D（立体）グラフ」にするのは、できるだけ避けます。立体化することで、次の円グラフの例のように「比率のデフォルメ」がされがちだからです。

■ **立体化した円グラフはミスリードのもと**

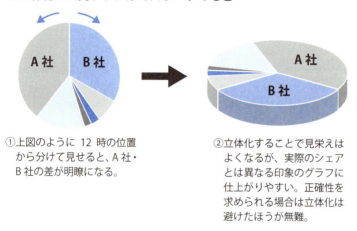

①上図のように12時の位置から分けて見せると、A社・B社の差が明瞭になる。

②立体化することで見栄えはよくなるが、実際のシェアとは異なる印象のグラフに仕上がりやすい。正確性を求められる場合は立体化は避けたほうが無難。

業界シェアが拮抗している場合などはとくに注意が必要で、立体グラフでは上図右のように、しばしば大きさが逆転して見えます。プレゼンテーションのために、見栄えのよい3Dグラフをつくりたいと考える心情は理解できますが、相手にデフォルメを感じさせてしまうと、「この会社はシェアをごまかしている、信用できない」と思われてしまうかもしれず、逆効果の可能性があります。

▶ 円グラフで100％にならなかったときの処理

　円グラフの作成で意外に相談を受けることが多いのは「合計したら100.2％になった」「99.8％にしかならなかった」というときの処理方法です。100％にならない理由は、四捨五入による誤差の積み重ねです。この場合は「最大の比率をもつ項目で、その誤差を吸収する（目立たないため）」のがよく使われる方法です。

　もちろん、表の中やグラフに数字を入れる場合は正確な数値を入れ、「注」を入れたいなら、欄外に「合計して100％にならないのは四捨五入による」と補足しておけばよいでしょう。

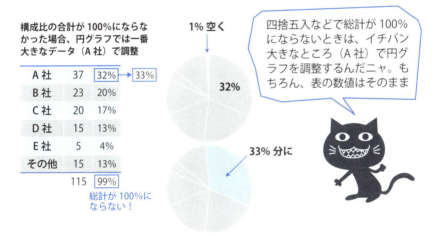

▶ 円グラフは避ける

　円グラフは企業のプレゼンテーションの場ではよく見かけます。しかし、円グラフは大きさの対比もできませんし、時間的経過でどう変化したかも見ることができず、恣意的な操作も入りやすいグラフです。このため、科学論文で円グラフが使われることはまずありません。

　自社製品のアピールなどが求められるビジネス現場であっても、円グラフを多用するのは、本来、避けたほうが賢明だと考えます。

統計学ゼミナール

ナイチンゲールの「鶏のとさか」

　円グラフというと、比率（シェア）は表示できても、実際の大きさも、時系列での表示もできないものと見られています。しかし、その円グラフを工夫し、時系列と大きさを加味したグラフをつくったのが、フローレンス・ナイチンゲール（英、1820〜1910）です。

　ナイチンゲールといえば「白衣の天使」のイメージがありますが、彼女は不衛生な病院施設の改善、そのデータ集め、そして統計学的な研究により、衛生という観点から社会に貢献した功績があります。

　右下の図はナイチンゲールが作成した「**鶏のとさか**」と呼ばれるグラフで、円グラフというより、棒グラフに近いものです。「鶏のとさか」のグラフを見ると、中心から右回りにぐるぐると30度ずつ回っています。これは月ごとの推移を表わし（1つの円グラフで1年分）、この扇状の大きさ（半径）は亡くなった兵士の数を示しています（実際には半径が目盛りになっているのに、面積として見てしまうので正確さを欠きます）。

　内側の黒い色の部分は、戦場で銃撃などによって直接命を落とした数を示し、外側の色の薄い部分は病院などの衛生施設が悪いため落としてしまった命の数を示しています（水色の部分は「その他」）。つまり、「戦場より、病院内の不衛生な設備による感染症などで亡くなった数がいかに多いか」、それを強調したグラフです。

　ナイチンゲールは幼少の頃から数学に強い関心を持ち、とりわけ「統計学の父」と呼ばれたアドルフ・ケトレー（ベルギー、1796〜1874：BMI指数の発案者）に傾倒し、家庭教師のもとで数学・統計学の勉学に励み、各国の医療施設の実態にも強い関心を示しました。

　当時、トルコとロシアはクリミア半島で衝突し（ク

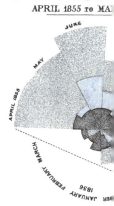

1855年4月〜1856年3月

リミア戦争、1853〜1856)、イギリスはフランスとともにトルコを支援。そこで、イギリス政府は各国の医療状況にくわしいナイチンゲールをクリミア戦争に看護師団のリーダーとして派遣します。野戦病院で彼女は夜回りを欠かさなかったことから「ランプの貴婦人」「白衣の天使」と呼ばれたことはよく知られています。

　彼女の功績は、冒頭でも述べたように野戦病院内の衛生状況を改善し、傷病兵の死亡率を劇的に引き下げたことです。そして、イギリス軍の将兵が、戦場で銃弾に当たって死亡する以上に、不衛生な野戦病院の環境下、感染症で亡くなるほうがはるかに多い事実を「数字」で把握。あらゆる機会を捉え、病院や家屋で衛生状態を保つための具体的な方法の教育・普及

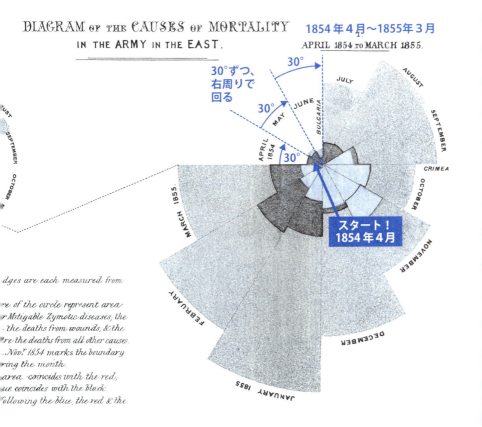

に努めました*1。

　さらに、ナイチンゲールはクリミア戦争での死因分析を報告書にまとめ、統計学に疎い国会議員や役人への効果的な説明方法として、「鶏のとさか」グラフを考案。**無味乾燥な数字を「見える化」する**という、当時としては非常に先駆的な手法を使ってプレゼンテーションをしています。その後、国際統計会議（1860年）にも出席し、それまでバラバラだった各国ごとの統計の調査形式・集計方法などを統一することを提案し、採択されています。

　これらの行動を可能にしたのは、ナイチンゲール自身が各国の病院施設を実際に回ってその事情を熟知していたこと、野戦病院での現地経験、さらには統計学の知識による裏付けがあったことが大きな力となったと考えられます。

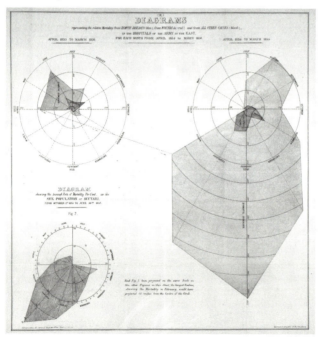

*1　『ナイチンゲール著作集』（第1巻〜第3巻／現代社）には、女性による陸軍病院の看護、看護婦の訓練と病人の看護、貧しい病人のための看護、インド駐在陸軍の衛生など、看護と衛生に関わるナイチンゲールの考えや具体的な覚書きが書き込まれている。

3章
［平均値・分散］の2つを理解しよう！

統計学を勉強する当面の目標は、「平均・分散・標準偏差」ではないでしょうか。でも、分散や標準偏差は本来、少しもむずかしいものではありません。これを超えれば、次は「正規分布」につながります。1章でざっくりと説明してありますので、ここはその発展版と考えてお読みください。

「平均値」は代表値の代表？

すべてのデータを見るよりも、いくつかの代表的なデータをチェックしていったほうが「全体像」も素早くつかめるし、年度比較、他社との比較なども容易になります。ここではざっくりと、代表値について知っておきましょう。

A社では、夏や冬の賞与の前になると、労働組合が下のような要求書を経営陣に対して手渡すのが恒例です。そこには「要求金額」の他に、組合員へのアンケート結果も出ていて、「平均値、中央値、最大値と最小値、最頻値」の5つのデータが書かれていたりします。

```
       組合から会社への要求書
          要求金額＜55万円＞

         組合員への調査結果
      ・平均値　54万2700円
       ・中央値　53万円
       ・最頻値　50万円
       ・最大値　80万円
       ・最小値　37万円
```

組合員の平均、中央値、最頻値などのデータを要求書に添えるのは、「多くの組合員の声を反映している数字だ」といいたいためです。30人の組合員の回答額は、以下の通りでした。

	A	B	C	D	E	F
1	430,000	670,000	470,000	平均(値)	=AVERAGE(A6:C15)	542,700
2	370,000	500,000	500,000	中央値	=MEDIAN(A6:C15)	530,000
3	620,000	600,000	480,000	最頻値	=MODE(A6:C15)	500,000
4	580,000	560,000	520,000	最大値	=MAX(A6:C15)	800,000
5	476,000	560,000	500,000	最小値	=MIN(A6:C15)	370,000
6	800,000	580,000	443,000			
7	665,000	550,000	500,000			
8	570,000	600,000	467,000			
9	480,000	540,000	480,000			
10	720,000	550,000	500,000			

▶ 全部のデータを見るより「代表値」

たった30人の回答額であっても、1章で述べたように数字がずらりと並ぶと、かえって全体の傾向を見通せません。前期の賞与より多い金額なのか、2年前との比較ではどうなのか。「すべてのデータを見るのが一番よい」とはいえないようです。

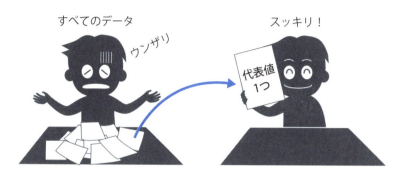

そこで、1章でも述べたように、**データ全体の特徴をたった1つのデータで表わしてしまう、とても便利なデータのことを「代表値」**といいます。代表値は「全体の中央」、いわば「ふつうの値」に相当するデータで、いくつかの候補があります。統計学では、

平均値（平均：アベレージ）、**中央値**（メジアン）、**最頻値**（モード）の3つが代表値とされています。

▶ 平均とは「重心」、そして「平らに均す」こと

まず、代表値の代表ともいえるのが「平均値」です。平均値にも種類があって、単純平均（相加平均）、加重平均、調和平均、幾何平均などがあります。「組合の要求書」では、平均値は54万2700円でしたが、とくに断らない限り、「平均値」といえば単純平均（相加平均）を指します。

さて、ここでは、平均にとっての最大のアキレス腱ともいえる外れ値の影響を実感していただきましょう。

いま、

　2、3、4、4、5、5、5、6、6、7、8　……①

という11個のデータがあった場合、その平均は「総計÷データ数」、つまり「すべてのデータ」を足して、それをデータ数11で割ればいいので、

$$\frac{2+3+4+4+5+5+5+6+6+7+8}{11}=5$$

と計算できます。この平均の計算の意味は、下図のように、「**平均とはデータ全体の重心の位置にある**」ということです。

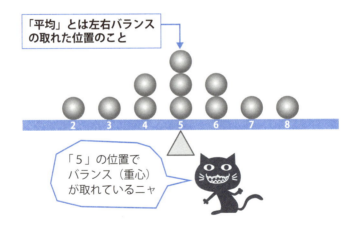

▶ 外れ値に弱い平均値

次に、①の11個のデータのうち、後ろ2つの値（7と8）を変えてみたのが、次の②のデータです。

　2、3、4、4、5、5、5、6、6、18、30　……②

「7、8」を「18、30」という、かなり大きな数値に入れ代えてみました。①と同様に、11個のデータで平均を取ると、平均値は5ではなく、8になります（平均値が1.6倍になった）。

$$\frac{2+3+4+4+5+5+5+6+6+18+30}{11}=\frac{88}{11}=8$$

この平均値＝8を、先ほどのように天秤にかけて表わすと、たしかに平均値8で左右のバランスが取れることになります。しかし、11個のデータのうち、実に9個のデータが「平均以下」という、不自然な姿になりました。

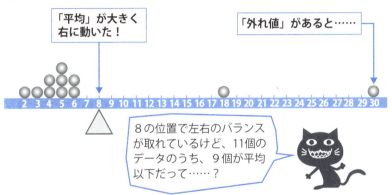

これは最後の2つのデータが、「外れ値」と呼べるような異常に大きな数に変わったために起きたことで、それによって「平均値」が大きく動いてしまいました。このことから、**平均は外れ値に弱い**ことがわかります。その理由は、「平均が全体の重心だから（大きな数の影響を受ける）」ということです。

▶重心の位置が腑に落ちなければ……

「平均とは重心だ」とはいいますが、上の図を見ても本当に左右で釣り合っているのかは、わかりにくい面があります。

そんなときは、次ページのような図を見るとどうでしょうか。上下で凸凹した部分を「平らに均した（補いあった）」というイメージが伝わります。外れ値がある場合でも、このような図のようにすると、これも補い合えそうだと実感できます。

実は、後で述べる「分散」あるいは「標準偏差」を見る場合、このような上下で「平らに均す」グラフのほうが「偏差」を理解しやすいと考えています。

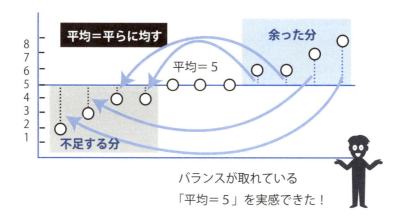

2 外れ値に強い「中央値」

代表値の2番目は「中央値」です。中央値は平均に比べ、外れ値の影響を受けにくい"頑健（がんけん）な代表値"とされています。「頑健」とはどういう意味で使われているのでしょうか。

「中央値」はデータを小さい順（大きい順でもよい）に並べていったとき、ちょうど「ど真ん中」の位置にくる数値のことです。このため、極端に大きい数値（あるいは小さい数値）、つまり「外れ値」があったとしても、平均のように大きく揺れ動くことはありません。その意味で、中央値は「頑健（ロバスト）な代表値」と呼ばれるのです。

▶頑健さを立証する

中央値が本当に外れ値の影響をほとんど受けないのか、前項の①と②のデータを使ってチェックしてみます（青字部分が異なる数値）。

　　2、3、4、4、5、5、5、6、6、7、8　……①
　　2、3、4、4、5、5、5、6、6、18、30　……②

①も②も、データ数は11個で同じです。データを小さい順に並べ、その「ど真ん中」のデータというと、①も②も「6番目」のデータですから、「5」です。平均は②の18、30という外れ値に大きく影響を受けましたが、中央値は何ら影響されません。頑健です。

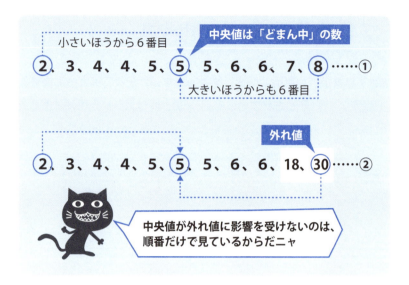

▶ データ数が奇数個のとき、偶数個のとき

ここで、データ数が奇数個の場合（左下の例）には「真ん中のデータ」は1つだけですから、それが中央値となります。しかし、データが偶数個の場合（右下）、真ん中のデータは2つ存在します。その場合は2つのデータの平均を取って「中央値」とします。下の例では $(4+5) \div 2 = 4.5$ です。

中央値は章末のコラムにも記したように、天気予報での「平年並」という場合にも活用されていますし、クルマの燃費性能は、計測した走行抵抗値の中央値を利用しているといいます。

3 最も多いデータが「最頻値」

代表値の3番目は「最頻値」です。クラスの投票でいえば、最も票を集めた人気者のことで、モード、並み数、流行値と呼ばれることもあります。最頻値はいちばんわかりやすそうですが、案外、扱いの面倒な代表値です。

「**最頻値**」はデータをいくつかのクラスに分けたとき（「階級」といいます→4章）、最も度数の多いクラスのことをいいます。ただし、最頻値ではある程度以上のデータ数がないと、ほとんど意味をなしません。

たとえば、A～Eまでの5商品があり（Aは5万円、Bは4万円、Cは3万円、Dは2万円、Eは1万円）、わずか5人が人気投票をした結果、最高得票（つまり最頻値）がAの2票では、それで「高級品志向が高まっている」と結論づけるのはむずかしいでしょう。

　　A：2票　　B：0票　　C：1票　　D：1票　　E：1票

実際、この状態でさらに2人が投票に参加し、Eに2票が入れば、「安くて良い品を選別する傾向がある」と分析するのでしょうか。

上記のような質的データ（名義尺度、順序尺度）の場合には、最大の度数を示した項目（上の例ではAやE）が最頻値になります。

量的データの場合でも、非連続量（離散量）では同様に最大の度数のデータが最頻値となります。たとえば、本章1項の組合の要望書を見ると、最頻値は50万円です（人の心理が影響するケースでは、切りの良い数値になることも多い）。ただし、連続量の場合にはクラス分けした度数で見ることになります。

クラス分けをした場合、どこでその境を引くかによって、最頻値のクラスが変わることもあります。

このため、最頻値は「最も多いデータ」という意味では簡単そうに思えますが、データ数、クラス分けの線引など、取扱いに難しい面があります。次項では、コラムとして最頻値の利用方法の1つをご紹介してみましょう。

3章　【平均値・分散】の2つを理解しよう！

統計学ゼミナール

暗号解読に利用されてきた「最頻値」

ここでは本文から少し離れ、最頻値をコラム的に眺めてみることにしましょう。

▶ スキュタレー、シーザー暗号

「最頻値」は統計学の中でも、人類史においてひときわ大きな役割を果たしてきました。暗号の分野です。たとえばa〜zまでの欧文26文字の中で出現頻度の高い文字といえば「e」であり、次に「t」とされていますが、これらの出現頻度をもとに何らかの文書を分析するのが「**頻度分析**」です。頻度分析は暗号解読などに使われてきた歴史があります。

暗号文を第三者が解読（復号）しようとすると、①暗号のしくみ（アルゴリズム）、②暗号鍵——の2つを知っていなければなりません。

古代ギリシアではスキュタレーと呼ばれる丸い棒に暗号文を巻きつけ、相手も同じ棒をもって巻き付けることで解読していました。その後、ローマのシーザーはアルファベットを3文字ずつ後ろにずらした「**シーザー暗号**」を使用していました。たとえば「L ZRQ」という暗号があれば、それを3文字ずつ前に戻せば「I WON」（我、勝てり）となります。

しかし、いったん、「文字をずらす」という暗号のしくみ（アルゴリズム）がわかってしまえば、後は解読鍵、つまり「何文字ずらせばよいか」

だけなので、シーザー暗号であれば簡単に解読できます。この場合、26のずらし方がありますが、26文字ずらした場合は元に戻るので、事実上、25パターン（25の鍵）しかありません。

なお、映画「2001年宇宙の旅」のコンピュータHAL（ハル）の名前は、シーザー暗号を使った「IBMのもじり」[*1]という見方もあります。

▶ホームズの頻度解析による暗号解読とは

ところが、文字全体をそっくりずらすのではなく、1語1語を別の文字に置き換えるアルゴリズムの場合、暗号解読は極端にむずかしくなります。たとえば、1文字1文字を規則性なく、次のようにずらすとどうでしょう。

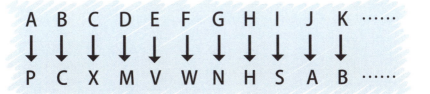

たった4文字の暗号文を手に入れても、最初の文字はアルファベット26文字のどれかの可能性があり、次の文字は残りの25通り、3番目は24通り、4番目は23通り考えられますから、

26×25×24×23＝358,800（通り）

も考えなければならず、解読には膨大な時間がかかります。

シャーロック・ホームズの「踊る人形」という短編では、犯人は次のような絵を残しています。

---

*1　HAL（Heuristically programmed ALgorithmic computer）は「IBMの社名を1文字ずつ、前にずらして命名された」とする説が根強くささやかれていた（I→H、B→A、M→L）。つまり、「IBMよりも一歩先を行くコンピュータ」という意味が込められていたとされるが、監督のスタンリー・キューブリックや、脚本のアーサー・C・クラークはそれを否定し（IBMへの配慮？）、『2010年宇宙の旅』の中でチャンドラー博士自らがIBM説を否定するくだりがある。しかし、後に、実はIBMがこの説を喜んでいることを聞き、『3001年終局への旅』のあとがきで「今後はこの説の間違いを正す試みを放棄する」と述べている。もって回った言い方だが、「ホントはそういうことだったんだよ」という告白にも受け取れる。

ホームズは「1つの絵が1つの文字に対応する（置き換えればよい）」と考えます。その際に活用したのが**「英文では通常、e、t、aの順に多く登場する」という頻度分析**でした。

$$e = 12 \sim 13\%、\quad t = 9\%、\quad a = 8\% \cdots\cdots$$

ただし、この文字の使用頻度は、書いた人、ジャンル、時代、言語などで少しずつ異なります。下のグラフは『シャーロック・ホームズの冒険』12作品に出てくる全文字から筆者が抽出した使用頻度です。

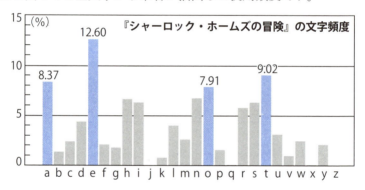

▶「暗号解読」を隠すためにも統計学を使う？

第二次大戦中、「絶対に解読不可能」と考えられていたのがドイツの**エニグマ暗号**です。これは専用の暗号機を前線軍にもたせ、1.59×10^{20} 通りの暗号鍵をつくり出し、しかもその暗号鍵は毎日変える、というもの。

このときは、イギリスの数学者アラン・チューリング[*1]らの活躍によって頻度分析やさまざまなヒントから、エニグマ暗号の解読に成功。

実は、解読後も、統計学の知識が使われたとされています。ただし、今度は悲劇的な方向で活用され始めます。それは、イギリスが暗号解読に成功したことをナチスに悟らせてはいけない、という観点からのことでした。

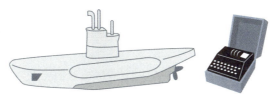

エニグマ暗号は1種類ではなかった。なかでもUボートの暗号解読はむずかしかったとされる。

　もし、ナチスの作戦すべてに連合軍が対応すれば、味方の損害は最小限に抑えられ、敵に壊滅的打撃を与えることも可能です。しかし、そうなるとナチスも「エニグマが解読された」と気づき、アルゴリズムも即座に変更され、暗号解読は初めからやり直し……。

　そこで、ある攻撃には連合軍を出撃させるが、ある攻撃にはあえて援軍を送らない（その結果、船が沈められても看過する）という、非情な戦略が採用されることになります。このとき、どれに援軍を送り、どれには送らないか、どのくらいの確率で対応すれば、「エニグマが解読されたのではなく、連合軍がたまたま（偶然に）その場に居合わせただけ」と思わせられるか……そのための出撃頻度などの選択に、統計学的な確率が利用されたとされています。ダマす側も、ダマされる側も、統計学の知識で闘っていたのです。

　チューリングは、AI（人工知能）の祖としても知られています。カーテンの向こう側にいくつかの質問を投げかけ、その回答を聞き、カーテンの後ろにいるのが人なのか機械なのか、その区別がつかなければ、その機械を「人工知能」として認めてよいだろう、という判断基準です。現在、それは人工知能分野で**「チューリング・テスト」**と呼ばれています。

＊1　チューリングらの努力によってエニグマ解読に成功していたことを、英政府は戦後50年以上、公表しなかった。なお、暗号解読のプロセスについては『暗号解読』（サイモン・シン　新潮文庫）に経緯がくわしく書かれている。また、ざっくりと経緯を知りたい場合には、ベネディクト・カンバーバッチ主演の「イミテーション・ゲーム」（2014年公開／DVDはギャガ）を見ると当時の緊張感が伝わってくる（統計学の話はわずかしか出てこないが）。

4 平均値、中央値、最頻値の3者の位置関係は？

平均値、中央値、最頻値はいずれもデータの代表値ですが、この3つの代表値はいつも同じ値を取るとは限りません。データがどんな分布のときに、代表値の3つはどのような位置関係になるのか。その関係をグラフで見ておくと、イメージとしてアタマに残りやすくなります。

▶ **一致しなくても、並び方には法則性がある**

平均値（平均）、中央値、最頻値の3者ですが、データが下のようなバランスの取れたきれいな分布グラフ（正規分布など）になるときは、平均値・中央値・最頻値はほぼ同じ値を取ります。このときは平均値を代表値として使うのが一般的です。

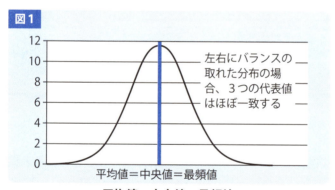

平均値＝中央値＝最頻値

なぜ平均値を代表値として使うのが便利かというと、平均値は「分散」（標準偏差と同義）との相性がとても良いからです。次章の「正規分布」で2者の関係について述べます。

ところが、データの集まりが次ページのような分布になっている場合、平均値・中央値・最頻値は必ずしも一致しません。平均値は大きく変動しています。この理由はすでに見てきたように、外れ値の影響を平均値が強く受けるためです。このように3つのケースを見てくると、中央値が常に

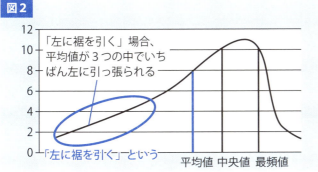

平均値＜中央値＜最頻値

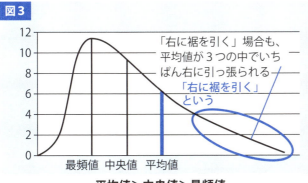

平均値＞中央値＞最頻値

「ど真ん中」のイメージ（外れ値に強い）に近いことを再確認できます。

▶貯蓄残高で3つの代表値のイメージをつかむ

　平均値、中央値、最頻値を具体例で見たければ、次ページ以降のグラフ（貯蓄現在高：総務省）が一番です。このグラフは「代表値の不一致（平均値が実態より大きくなる）」を表わす例として、しばしば統計学の解説書でも取りあげられるので、ご覧になったことがあるでしょう。

　グラフを見ると、1世帯あたりの貯蓄残高（2016年）が「平均1820万円」とあります。「自分の家に1820万円の貯蓄があるか？」と心配する人も多いはずです。実は、この数値は実態を十分に反映しているとは言いが

たい面があります（実際、2/3以上の世帯が平均値を下回っている）。

　また、「中央値　1064万円」とありますから、平均値1820万円に比べ58％、ほぼ半分です。さらに最頻値はグラフから判断する限り、100万円未満であり、平均とは金額が大きく食い違います。

　この平均値のカラクリは前ページの図１～図３で見てきたとおりです。**平均値・中央値・最頻値がほぼ一致するのは、左右のバランスの取れたグラフの場合だけ**であり、どちらかに裾を引いた（尾を引いた）いびつな形の場合、平均値は外れ値に大きく左右されます。

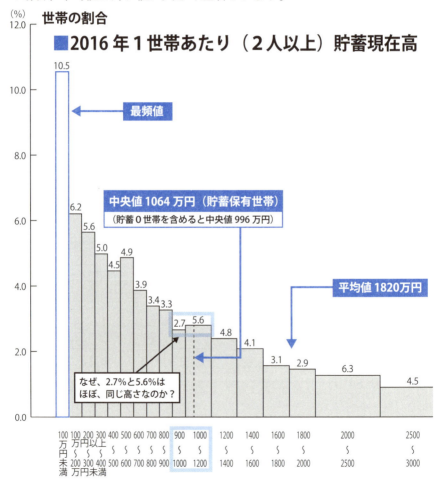

下図の外れ値は、右下に長く延びる「4000万円以上」の富裕層だと考えられます（波線でカットされているが、本当はもっと長い）。統計学の本で「貯蓄現在高の多い人（外れ値）が全体の平均を強く引っ張るために起きる現象」と説明されるのはこのためです。

　なお、このグラフは**長方形の面積が大きさを表わすヒストグラム**です。このため、区分（横軸）が2倍になると、同じ％であれば、高さは半分に調整されます。900万円〜1000万円の層が2.7％で、隣の1000万円〜1200万円の層が5.6％なのに高さがほぼ同じなのは、幅が2倍の分、5.6％を半分（2.8％）にしているためです。

総務省家計調査報告（2017年5月速報）

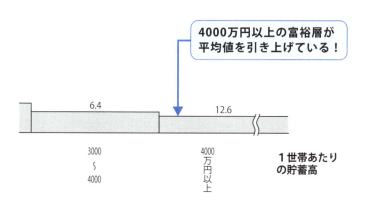

バラツキ度合いを示す「四分位数・箱ひげ図」

代表値はデータ全体の特性を見る重要な指標ですが、代表値だけではデータの特性をつかみとることはできません。なぜなら、データにはバラツキ（散らばり）がつきものであり、それがデータの特徴を表わしているからです。その意味で、代表値とバラツキ度合いの2つは、データ全体を知るための良き相棒です。

　野菜をつくっていると、同じ品種、同じ時期に育てたものであっても、大きさも形も少しずつ違います。平均値を取ると、その平均重量を中心に大きい（重い）、小さい（軽い）が出てきます。それが自然な状態です。野菜づくりに比べると、工場での生産は同質の製品をきっちりとつくっているように見えて、工業製品にも少しずつブレが生じます。

　このように、平均値と各データとの差（偏差）を測ることで、たとえば、工場での機械の不具合をあらかじめ知り、大きな事故の予兆をキャッチすることにつながります（品質管理）。

　ところで、下の3つのグラフはいずれも平均が同じデータを集めたもの

■平均値は同じ、バラツキ度が異なる

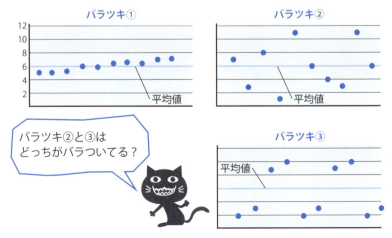

です。しかし、どう見ても、同じようなデータの分布には見えません。

バラツキ①は一見、どのデータも平均との差がきわめて小さく良好に見えます。②は平均との差が大きいものから小さいものまでバラバラ。③も同様ですが、こちらは何やら規則性があるようです。

このように平均が同じであっても、バラツキ具合を見なければモトのデータの性質などを理解することはできないのです。

▶「最大値・最小値」と四分位数は中央値とセットで

3章1項の「労働組合の要求書」には「最大値・最小値」という値が入っていました。これは全データの範囲を示しています。統計学では最大値から最小値までの広がりのことを「範囲（レンジ）」と呼んでいます。

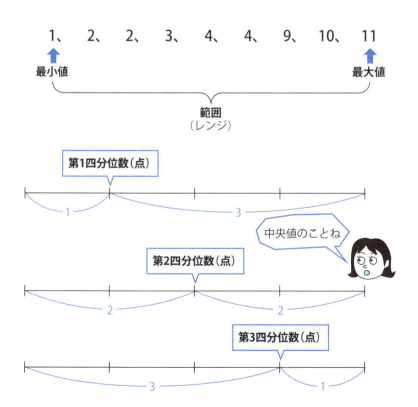

そしてデータを４等分してみます。これを「**四分位数**（または四分位点）」と呼んでいます。
　まず、データの最小値から４分の１の位置（25％）にあるデータが「**第１四分位数**」、下から４分の２の位置のデータが「**第２四分位数**」（つまり中央値です）、下から４分の３の位置にあるデータが「**第３四分位数**」です。４分の１ずつで全データを区切っていきます。
　グラフとの関連で見ると、次のようなイメージです。1/4ずつに区切っていくので感覚的にもわかりやすい指標といえます。そして第１四分位数から第３四分位数までの幅を「**四分位範囲**」と呼びます。１章でも述べたとおりです。

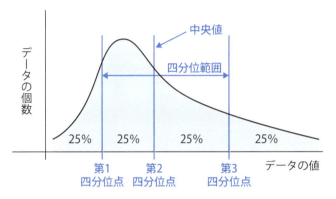

　２章で「４つのデータの尺度」の話をしましたが、質的データ（名義尺度、順序尺度）は平均値を取ることができませんでした。その場合でも、順番の大きさが定まっている順序尺度のデータであれば、中央値や四分位数を取ることができます。これをグラフ化するには、次の「**箱ひげ図**」が有効です。
　次ページの図のように、最大値・最小値を箱ひげ図の左右に配置し、「ひげ」のように描きます。長方形の箱の左端が第１四分位数（点）、右端が第３四分位数（点）です。まん中に引かれた線が第２四分位数（点）で、すでに述べたように、中央値に相当します。
　ですから、順序尺度のデータを扱う場合には、この箱ひげ図を使うと、そのデータのバラツキ具合もひと目でわかります。

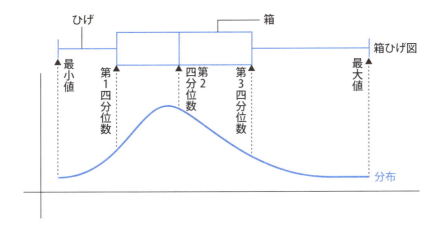

また、これらをグループごとに並べるとグループ間の比較も容易ですし、時系列に並べることで商品価格の乱高下、1日あたりの値動きの幅なども確認できます。

なお、株価で使われているローソク足もこの箱ひげ図に非常によく似ていますが、形は似ているものの、長方形のボックス部分は第1四分位数、第3四分位数になっているわけではありません。似て非なるものです。

6 平均から「分散」へ

前項では、データのバラツキ度を見るグラフとして箱ひげ図を見ました。そこには「最大値〜最小値」（範囲）、さらには四分位数（四分位範囲）などが使われていましたが、平均値を使ってバラツキ度を見たのが「分散」です。分散は統計学ではとくに重要な指標です。

▶ 偏差を全部足してみたら？

バラツキ具合を示すものとして「分散」があります。ここでは分散の基本的な紹介だけをし、次項で具体的な計算をしてみましょう。

まず、先ほどの図1〜図3（P94〜P95）のようなデータのバラツキがあったとき、たまたまその平均が同じであったとしても、グラフ表示をすることで、それらの違いは一目瞭然になりました。

しかし、グラフで「一目瞭然」であることは確認できても、それを見て「どの程度違っているか」までは説明できません。また、グラフを見ただけではどちらのほうがバラツキが大きいか、はっきりしないケースもあります。

もし、このバラツキ度を何らかの「数値」で説明できたら、どれほど具体的になるでしょうか。説得力も増すはずです。

数値で表現する方法として、真っ先に思いつくのは「各データと平均との差」を求め、それをすべて足し合わせることです。

平均値と各データとの差を「偏差」といいます。1つひとつのデータが、平均値とどの程度離れているのか、その隔たり具合、偏り具合のことです。

$$偏差 = (各)データ - 平均値 \quad *1$$

各データで、この偏差をすべて足してみたとき（総和）、それが数値として表わせるでしょうから、その大きさの度合いで「データのバラツキ度」を示せそうです。

■10個のデータの「バラツキ度」を数値化したい

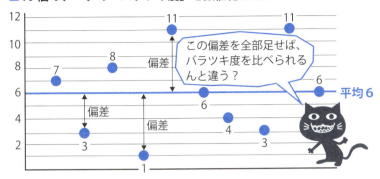

ところが、残念。その総和は0になってしまうのです。なぜなら、もともと「平均値」とは各データのバランスを取った数値のことだったので、それら偏差をすべて加えると、プラス・マイナスで打ち消しあってゼロになってしまうからです。

▶ホントに「偏差の和＝0」か？

……といっても、かんたんには信用しない人もいると思いますので、上のグラフにある10個のデータでそれを示してみましょう。データの値は次のとおりです。

7，3，8，1，11，6，4，3，11，6　　（合計10個）

すると、平均は次のように求められます。

$$\text{平均} = \frac{(7+3+8+1+11+6+4+3+11+6)}{10} = 6$$

ここで、各データごとに「偏差」を求めます。偏差は「(各)データ－平均値」でした。平均値＝6でしたので、

7－6＝1
3－6＝－3

＊1　もちろん、逆の「(平均値)－(各データ)」で偏差を計算しても結果は同じになる。

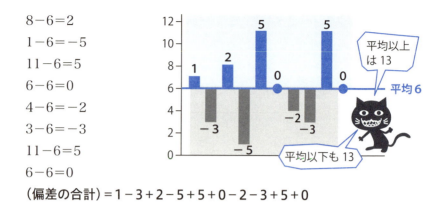

$8-6=2$
$1-6=-5$
$11-6=5$
$6-6=0$
$4-6=-2$
$3-6=-3$
$11-6=5$
$6-6=0$

（偏差の合計）＝ $1-3+2-5+5+0-2-3+5+0$
　　　　　　＝ 0

こうして、「偏差の合計＝0」となり、せっかくのアイデアでしたが、各データの偏差を単純に足したのではダメだとわかりました。

▶「平均偏差」でもいいのでは？

各データと平均値との差、つまり「偏差」を全部足していっても、総和は「0」になりました。でも、方法は他にもあるはずです。たとえば、絶対値記号を使ってみてはどうでしょうか。

上のグラフを見てもわかるように、平均値の上下でプラス・マイナスを足し合わせたりするから、結果的に「0」になるのであって、平均値との差を「距離（プラス）」と考え、それを足していけば「0」にはならないはずです。

つまり平均値との差がマイナスになるものについては、絶対値記号でプラスに変換して計算していく。そうなれば、データのバラツキ具合を測る良い指標になりそうです。これを**「平均偏差」**といいます。具体的な計算方法は、以下のとおりです。

$$\text{平均偏差} = \frac{|7-6|+|3-6|+|8-6|+\cdots\cdots+|3-6|+|11-6|+|6-6|}{10} = 2.6$$

この平均偏差を利用すると、「0」になることはありません。計算もラクだし、考え方も素直です。第一、「『平均との差』の平均」になっていて、平均値との離れ具合（距離）をうまく表わしています。これはとてもわか

りやすい概念です。

ところが残念なことに、平均偏差が統計学で使われる、活用されることはほとんどありません。その理由としては、「絶対値を取る演算が嫌われるため」とか、「数学的な扱いがむずかしいため」といった説明が一般にされています。

けれども、その説明よりも、「正規分布表を使う場合には、標準偏差（分散）のほうが都合が良い」ということのほうが、実は大きな理由ではないでしょうか。

そこで「標準偏差（または分散）」について見ていきましょう。

▶「2乗して加えれば0にならない」というアイデア＝分散

次に考えたのが、偏差をいったん2乗した後、それらを合計し、データ数で割ってやればよいだろうという考えです。これならプラス・マイナスで打ち消し合うことはありません。

$$7-6=1 \quad \rightarrow \quad (1)^2=1$$
$$3-6=-3 \quad \rightarrow \quad (-3)^2=9$$
$$8-6=2 \quad \rightarrow \quad (2)^2=4$$
$$1-6=-5 \quad \rightarrow \quad (-5)^2=25$$
$$11-6=5 \quad \rightarrow \quad (5)^2=25$$
$$6-6=0 \quad \rightarrow \quad (0)^2=0$$
$$4-6=-2 \quad \rightarrow \quad (-2)^2=4$$
$$3-6=-3 \quad \rightarrow \quad (-3)^2=9$$
$$11-6=5 \quad \rightarrow \quad (5)^2=25$$
$$6-6=0 \quad \rightarrow \quad (0)^2=0$$

すべてプラスの値になった

（偏差の2乗の合計）＝1＋9＋4＋25＋25＋0＋4＋9＋25＋0
　　　　　　　　　＝102

これをデータ数（この場合は10）で割ったものを「**分散**」と呼ぶように決めました。データのバラツキ度を表わす指標として使われています。

$$\text{分散} = \frac{（偏差の2乗）の合計}{データ数} = \frac{102}{10} = 10.2$$

公式 　分散 $= \dfrac{(データ①-平均)^2+(データ②-平均)^2+\cdots\cdots+(データn-平均)^2}{データ数\ (n)}$

Σ（シグマ）という記号は何？

「分散」の式を、本書では以下のように記載しました。

分散 $= \dfrac{(データ①-平均)^2+(データ②-平均)^2+\cdots\cdots+(データn-平均)^2}{データ数\ (n)}$

意味は「データ①から平均を引き、その値を2乗する。それをデータ②、データ③……についても同じことを繰り返した後、すべてを足し合わせ、データ数で割る」ということです。

この分散の公式を多くの統計学の本では、平均＝m、各データ＝x_1、x_2、x_3……x_n、データ数＝nとすると、分散Vは、

$$V = \dfrac{(x_1-m)^2+(x_2-m)^2+(x_3-m)^2+\cdots\cdots+(x_n-m)^2}{n}$$

のように表わします。さらにΣ（シグマ）という記号は「すべてを加える」の意味がありますので、次のようにすることで、分散の式を短縮して書くこともできます。

$$\dfrac{1}{n}\sum_{i=1}^{n}(x_i-m)^2$$

これらの記号や式はすべて同じ意味です。Σ（シグマ）記号が出てきたときは、「Σ（シグマ）以下の部分（上記の例では $(x_i-m)^2$）を計算し、n回繰り返して合計する」ということを意味します。

なお、本書ではΣ記号を使っての計算はとくに予定していません。

「分散」でバラツキ度を計算してみる

データの集まりのバラツキ具合を表わす「分散」の考え方については前項で述べたとおりですので、ここでは実際の計算をしてみましょう。

▶ 分散は慣れること

　分散の計算練習をしておきましょう。1回計算しておくと、とたんに自信をもって対応できるだけでなく、理解も深まるからです。

　いま、スーパーA、スーパーBでキャベツが全部で10個ずつ売られていて、その重さを測ってみたところ、平均は同じ1200ｇでした。でも、スーパーAのほうはサイズがきれいに揃っているのに対し、スーパーBのキャベツはどう見ても大小のバラツキが大きいようです。

　スーパーBのY子さんはそのことを改善するために、「キャベツの大きさにバラツキがあるように見える」と店長に進言したのですが、店長からは「そう見えるだけじゃないの？」と取り合ってもらえません。

　そこで、「感覚」でいうのではなく、**バラツキ度を「数値」で表現しよう**……と考えました。そのためには、データのバラツキ度を示す「分散」を計算する必要があります。よし、挑戦してみましょう！

スーパーAの キャベツの重さ	平均値はどちらも 1200ｇ……。 バラツキ度を数値で 表わすには？	スーパーBの キャベツの重さ
1202		1158
1140		1350
1239		1318
1181		1121
1240		1202
1152		1330
1228		1021
1151		1081
1259		1121
1208		1298
1200g ←	キャベツの平均値	→ **1200g**

3章 〔平均値・分散〕の2つを理解しよう！

▶ グラフ化＝見える化して、問題点を確認！

まず、このデータをグラフ化してみると下図のようになり、2つのスーパーで売られていたキャベツの違いが、少なくとも"見た目には"明瞭です。あとはこのバラツキの程度を数値化すれば店長にも進言できます。Y子さんは少し自信を得たようです。

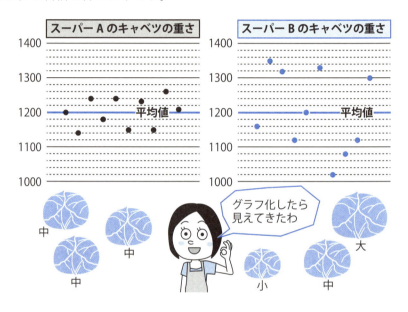

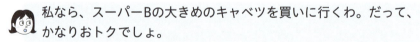

私なら、スーパーBの大きめのキャベツを買いに行くわ。だって、かなりおトクでしょ。

たしかに、早く行った人はいいけど、後で行く人は小さなキャベツしか残っていないことになるんだ。それがわかっていると、スーパーAに行って普通サイズのキャベツを買おうと思うでしょ。つまり、スーパーBの小さいキャベツは売れ残ってしまう。

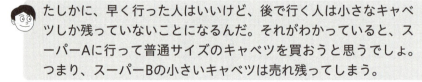

なるほどね、わかったわ。じゃあ、Y子さんに代わって、スーパーA、スーパーBのキャベツの分散を求めていきましょうよ。分散の求め方は、

①（各キャベツの重さ）－（平均値）……これを2乗する
　②2乗した数値をすべてのキャベツで加えていく
　③最後に「データ数」、この場合は10で割る
すると、分散が求められるのよね。

では、計算してみて。2乗して足していくから、数値が大きくなる。計算ミスが多くなって、ボクなんか何回も間違えるよ……。

やってみるわ。平均値が1200ｇだったから、
$(1202-1200)^2 = (2)^2 = 4$
$(1140-1200)^2 = (-60)^2 = 3600$
$(1239-1200)^2 = 39^2 = 1521$
あ、偏差は「－」になるか「＋」になるかをいちいち、気にしなくてもいいんだわ。

そうなんだ。2乗するから、必ずプラスになる（あるいは０）。だから$(-60)^2 = 3600$とかしなくても$(60)^2 = 3600$とすればいい。大きいほうから小さいほうを引くだけでいいんだ。

じゃぁ、続けてみる。
……。
まだ終わらないわ。たった10個ずつのデータから分散を計算するのがこんなに大変だなんて。もう、アキました。

いつ「ギブアップ」するかと思って見ていたけど……。統計学の計算は「かんたんだけど、めんどう」なんだ。
統計学に限らない話だけど、ある程度、手を動かして計算することで身につく──という部分は何にでもあると思う。体得する部分だね。でも、統計学の計算は分散のように、「引いて、2乗して。引いて2乗して……」といった繰り返しが多いので、ある程度わかったら、あとはコンピュータの助け[*1]を借りたほうがいいね。ボクなんか、統計学の本をつくっていた最初の頃、手計算（電卓）でいちいちやっていたんだ。そうすると、たった１行の分散の式なのに、検算するたびに答えが違っていた……。

はい、Excelで下のように計算してみました。スーパーAのキャベツの分散は1612で、スーパーBの分散は1万2338です。バラツキ度の違いがはっきりしましたね。これでスーパーBのY子さんの主張も認められるといいわね。それにしても、平均との差は100gや200gなのに、分散の値はとても大きな数になったわ。

	A	B	C	D	E	F
1	平均値	スーパーA	偏差の2乗		スーパーB	偏差の2乗
2	1200	1202	4		1158	1,764
3		1140	3,600		1350	22,500
4		1239	1,521		1318	13,924
5		1181	361		1121	6,241
6		1240	1,600		1202	4
7		1152	2,304		1330	16,900
8		1228	784		1021	32,041
9		1151	2,401		1081	14,161
10		1259	3,481		1121	6,241
11		1208	64		1298	9,604
12	合計	12000	16,120		12000	123,380
13			1,612			12,338

 スーパーAの分散

 スーパーBの分散

スーパーBの分散は1万以上の数値になってしまったわ。手計算を続けなくてよかった。

＊1　ここではExcelで分散を求めるために、手計算と同じ手順を取った。すなわち、スーパーAの場合であれば、（データ−平均値）^{2} から（偏差）^{2} の合計を計算し（セルC12とセルF12）、データ数（10個）で割って「分散」を得た（セルC13とセルF13）。もちろん、Excelには分散を求めるための関数があるので、それを使ってもできる。スーパーAの場合であれば、B2〜B11のセルにデータが入っているので、「=VAR.P(B2:B11)」としても分散は得られるが、関数に頼らなくても可能。

8 「分散」から「標準偏差」へ

「分散」がバラツキの程度を示すことをすでに見てきました。ただ、分散には2つの困った面があります。それは、前項でも述べたとおり、

①分散の数値は、元の偏差に比べてとても大きな数になりがちなこと

では、もう1つは？

▶ 難点1──大きくなりすぎる「分散」

そもそも分散を必要とした目的はなんだったかというと、「バラツキの程度を数値で見る」ことにありました。

そこで最初の案としては「(各) データー平均値」を偏差と呼び、「すべ

分散の難点①──とても大きな数になること

	A	B	C	D	E	F	G	H
1	平均値	スーパーA	偏差	(偏差)の2乗		スーパーB	偏差	(偏差)の2乗
2	1200	1202	2	4		1158	-42	1,764
3		1140	-60	3,600		1350	150	22,500
4		1239	39	1,521		1318	118	13,924
5		1181	-19	361		1121	-79	6,241
6		1240	40	1,600		1202	2	4
7		1152	-48	2,304		1330	130	16,900
8		1228	28	784		1021	-179	32,041
9		1151	-49	2,401		1081	-119	14,161
10		1259	59	3,481		1121	-79	6,241
11		1208	8	64		1298	98	9,604
12	合計	12000		16,120		12000		123,380
13				1,612				12,338

分散は「偏差を2乗」しているので、実際の「差」よりも大きな数値になりやすい。スーパーAのキャベツは、平均との違いは最大でも60だが、分散で見ると1612。スーパーBでは最大差が179に対し、分散は12,338と大きな数になっている。

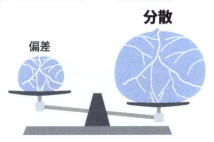

3章 [平均値・分散] の2つを理解しよう！

ての偏差の和」を考えたところ、プラス・マイナスが打ち消しあって「0」になってしまいました。次善の策として「偏差の2乗」という方法を考え、「バラツキ度」を計算してみたのが「分散」です。

しかし、分散は「(各)データ－平均値」、つまり偏差を2乗したために、非常に大きな数値となってしまったのは、前項で見たとおりです。

つまり、分散の問題点の1つは、偏差に比べてきわめて大きな数値になることです。たとえば、スーパーAでは最大の偏差でも60にすぎないのに、分散は1612と約27倍。同様に、スーパーBでは最大の偏差が179だったのに、分散は12,338となっていて、こちらは約70倍。

上記の考え方とは逆に、「分散は違いをきわ立たせる」という見方（長所）もあるかもしれませんが、各データと平均との差を比べると、いま一つ、違和感の残る値と感じてしまうのです。

▶ 難点2──単位が変わる「分散」

分散のもう1つの難点、それは「単位が変わる」ということです……。

 センパイ、分散を計算すると、「単位が変わる」って、どういうことですか？

かんたんなことだよ。元はキャベツの重さだったから、単位は「g」（グラム）だよね。キャベツはだいたい1個1200gなんだ。ダイコンだと1000g、きゅうりで100gくらいになるかな。偏差そのものは「(各)キャベツの重さ－平均値」だから、単位は「g」だよね。ところが、この偏差を2乗した時点で、単位も

2乗されているから、いわば「g²」だよ。
$$(1202g - 1200g)^2 = (2g)^2 = 4g^2$$

🙎 へぇ〜、気が付かなかった。数字が2乗されるのはわかりますが、「単位」も2乗されるんですか〜。

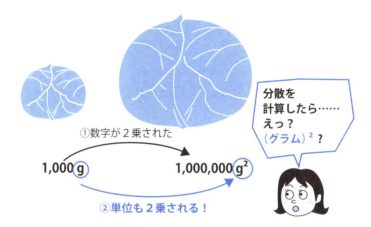

🙎 たしかに「g²」って、イメージが湧いてこないですよね。意味なさそうな単位ですね。もう少し、「単位が変わってマズイ！」とはっきりわかる事例はないんですか？

🧑 もちろんあるさ。たとえば、ある学校の男子生徒10人の身長を集めたデータがあって、仮にその平均身長が170cmだったとするよ。1.7mとしてもいいか。10人のデータは次のとおりだった。

1.71m	1.68m	1.62m	1.81m	1.71m
1.67m	1.74m	1.75m	1.68m	1.63m

🧑 いまは分散の計算はしなくていいよ。身長はm、その2乗といえばm²だよね。つまり、<u>長さが面積に化けたんだ。</u>

分散の弱点② ── 単位が変わってしまうこと

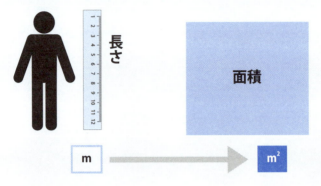

分散は計算の過程で2乗しているため、モトの意味と違ってくる

元データ＝長さ　→　分散＝面積？

> 「m→m²」でピンときました！　ということは、単位を気にせずに分散を使ってもいいけれど、①数値もあまり大きくなく、②単位もモトに戻した指標も、もう1つ欲しいところですね。

> そうなんだ、それが「標準偏差」だよ。分散は2乗（平方）したものだったから、逆に「分散の平方根（ルート）」を取ればいい。すると身長が面積になって、また身長に戻るようなもんだね。

標準偏差＝$\sqrt{分散}$

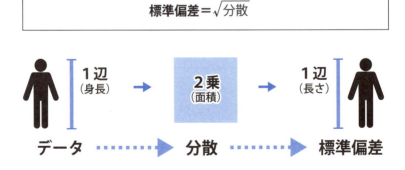

「標準偏差」を計算してみる

標準偏差の考え方、メリットもわかりましたので、次のデータをもとに、

①平均　→　②偏差　→　③分散　→　④標準偏差

の一連の計算と流れを実際に体験してみましょう。

標準偏差クイズ

下の数値は、ある日のRベーカリーでの食パン1斤[*1]の重さを調べたものです。このデータから標準偏差を求めてください。

354g　347g　348g　352g　344g
350g　351g　349g　348g　347g

①平均値を求める

まず、Rベーカリーの食パン1斤の平均値を求めます。

平均値＝合計÷個数
　　　＝(354＋347＋…＋348)÷10＝3490÷10＝349(g)

平均値＝349gということは、食パンを下図のように並べると、349gのところでバランスが取れる、ということです。

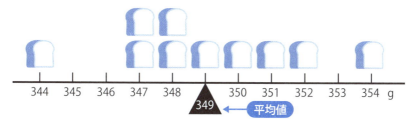

平均とは、データのバランスの取れるところ、つまり重心の位置だった。

[*1]「包装食パンの表示に関する公正競争規約」において、「食パン1斤は340g以上」と定められている。Rベーカリーの食パンはすべて340g以上なので遵守されていることになる。

②偏差をイメージする、考える

偏差は各データ（食パン）と平均値（349g）との差です。下図のように、平均349gから見て、−5g〜＋5gまでの間に散らばっています。

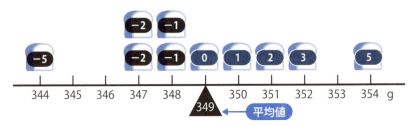

③分散、④標準偏差を求める

各偏差（各データ−平均値）を２乗（平方）し、その和（合計）を取り、食パンの数10で割ると7.4。これが「**分散**」でした。分散は偏差を２乗していますので、「**標準偏差**」を求めるため、分散の平方根（ルート）を取ります。こうして10個のデータから標準偏差2.7が求められました。

食パンの重さ （1斤＝g）	②偏差 （①平均＝349g）	偏差の２乗
354	354−349＝　5	$5^2=25$
347	347−349＝−2	$(-2)^2=4$
348	348−349＝−1	$(-1)^2=1$
352	352−349＝　3	$3^2=9$
344	344−349＝−5	$(-5)^2=25$
350	350−349＝　1	$1^2=1$
351	351−349＝　2	$2^2=4$
349	349−349＝　0	$0^2=0$
348	348−349＝−1	$(-1)^2=1$
347	347−349＝−2	$(-2)^2=4$
合計　**3490**	**0**	**74**

標準偏差：2.7

偏差の和は0でいい

「偏差の２乗」の和

分散＝「偏差の２乗」の和 ÷ 個数＝74÷10＝ **7.4**

標準偏差 ＝ $\sqrt{分散}$ ＝$\sqrt{7.4}$ ≒ **2.7**

統計学ゼミナール

☆天気予報の「平年並み」とは平均値？ 中央値？

　テレビの天気予報で「明日は平年並みの気温」とか「今年の夏は平年より雨が少なめ」といった言い方がされます。「平年」とは過去30年との比較を指していて、2018年の1月1日現在でいうと、1981年～2010年までの30年間の気温や雨量、日照時間の観測値を低いほうから順に並べ、3つの階級に分けます。

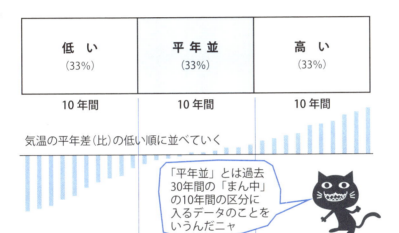

　「平年より高め（低め）」というと、過去の「平均値」との比較のように感じがちですが、実際には「中央値」の意味（といっても、まん中の"中央集団"ぐらいの意味）で使われている言葉です。

　次回の改定は2021年で、1991年～2020年の30年間のデータが使われます。このため、2020年12月までであれば「平年より高い」と表現されていた気温も、2021年に入ると、「平年並み」と表現されることもありえるわけです。データを見る場合、基準の変わり目[*1]は要注意です。

---

*1　東京都の利根川水系のダム貯水量は、7月～9月の洪水期、10月～翌年6月の非洪水期に分けられ、同じダムでも最大貯水容量は時期によって異なる。利根川水系の場合、たとえば、6月30日（非洪水期）に3億m³の水量があれば「65.0%」の貯水率と表示されるが、翌7月1日（洪水期）に同じ水量だった場合、「87.3%」と表示される。これは単に基準が変わっただけであり、一晩に大量の雨が降ったわけではない。

4章 正規分布を体感する！

「正規分布」という言葉を聞くと、とても難解に聞こえます。実際にはこれはNormal Distributionの日本語訳で、
「日常よく見られる、ふつうの分布」
という程度の意味です。たとえば、成熟したリンゴをたくさん集め、その重さを測ると、「平均の重さ」の周辺が一番多くなり、その平均を中心に、重いリンゴ、軽いリンゴが徐々に減り、なだらかなカーブを描いていくだろうと見当がつきます。それが正規分布です。
この章では正規分布を利用して、最終的に、「異なるグループのものを比較する」ところまでたどり着きたいと思います。

1 データから度数分布表をつくる

データから正規分布にたどり着くには、ヒストグラムをつくってみることです。これが「データを見える化する」ことにつながります。手順は「データ → 度数分布表 → ヒストグラム」で、この流れをざっくりとでも理解しておくと、正規分布の理解にもつながります。

正規分布への第一歩は「ヒストグラムづくり」です。下の図は、

　　データ入手　→　度数分布表の作成　→　ヒストグラム作成

までの手順を追ってみたものです。ここでは、「データから度数分布表をつくる」ところまでを見てみましょう。

■データ→度数分布表→ヒストグラム

①データ
公的機関からの公表データ、自社などの売上データ、独自のアンケートデータなど。すでに処理された2次データよりも、1次データを使うほうがよい

②度数分布表
元データをもとに、
- 最大値・最小値（範囲）
- グラフの幅（階級）とその度数（頻度）

などから「度数分布表」を完成させる

③ヒストグラム
度数分布表からヒストグラムをつくる。分布の状況が一目でわかる

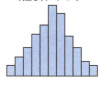
（柱状グラフ）

▶ **データの区分（階級）はどうする？**

グラフ化（ヒストグラム）するために、まず「**度数分布表**」を作成します。度数分布表とは、以下のような表（サンプル）のことです。

度数分布表（サンプル）

階級（級）	階級値 （階級の中心値）	マーク（チェック）	度数	累積度数
0〜9	5	正	4	4
10〜19	15	正 一	6	10
20〜29	25	正 正 一	11	21
30〜39	35	正 正 下	13	34
40〜49	45	正 正 一	11	45
50〜59	55	正 丅	7	52
60〜69	65	丅	2	54

データを区分する

サンプルの度数分布表を見ると、左端でいくつかに区分しています。これを「**階級**」（級ともいう）と呼んでいます。データ量が少ないとき、あまり多くの階級で区分すると、それぞれの範囲に収まるデータ量が少なくなって見にくくなってしまいます。

下表のように今回取りあげるデータ数が80個程度であれば、6〜10く

	A	B	C	D	E	F	G	H
1	59.2	68.1	71.3	58.7	59.1	59.2	57.8	70.4
2	60.5	56.3	66.7	68.4	60.9	61.5	58.1	63.2
3	55	57.2	67.3	69.9	75.0	58.1	63.4	61.4
4	60.4	64.4	60.9	66.2	62.1	59.9	60.5	62.2
5	61.3	59.6	71.2	66.8	65.9	69.3	73.2	58.8
6	55.7	66.7	65.5	62.8	61.3	61.2	62.3	59.6
7	56.3	61.2	66.1	63.4	65.8	64.9	67.2	65.4
8	65.5	62.3	67.2	68.4	66.6	68.2	65.9	63.2
9	61.4	63.9	70.3	64.9	67.2	68.3	64.2	64.4
10	64.2	64.9	62.1	69.4	66.7	64.1	69.9	64.2
11								

らいに分ければよいでしょう。

「6〜10とアバウトではなく、階級の数をもっと適正に知る方法はないのか？」という場合には、**スタージェスの公式**[*1]というものがありますので、それを階級数（区分数）の目安としてください。

▶ 階級に分ける手順

では、階級に分けてみます。手順は、
① データの最大値・最小値を調べる（おおよその範囲を知るため）
② その範囲（最大値−最小値）、データ数をもとに、6〜10（スタージェスの公式に従えば6〜7）ぐらいに分ける

80個のデータの中から、どれが最大値、どれが最小値などと目で探すのはミスのもと。ここはExcelのかんたんな関数を利用します。

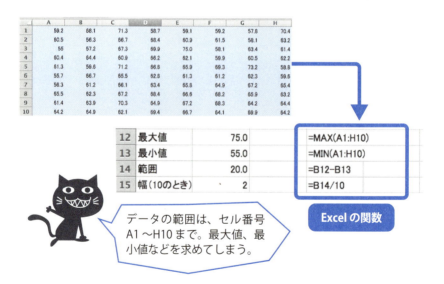

データの範囲は、セル番号A1〜H10まで。最大値、最小値などを求めてしまう。

Excelの関数

これで最大値＝75.0、最小値＝55.0で、範囲＝20なので、10個の階級に分ければ、階級の幅は2となります。よって、

[*1] スタージェスの公式は、サンプル数を n、階級数を K とすると、$K = \log_2 n$ で表わせる。上記の場合、サンプル数80を n に入れると K=6.32 になるので、6〜7個くらいに分けるのが1つの目安といえる。Excelでは「=LOG（80,2）」で計算できる。

階級　55.0〜57.0 、57.0〜59.0 …… 73.0〜75.0
と分ければよい、とわかりました。

度数分布表のサンプル（121ページ）の左から2つ目にある「階級値」とは、この階級のまん中の値です。たとえば57.0〜59.0の間にいくつかのデータが入ってきますが、まん中の数値（この場合は58.0）でこの区間のデータを代表させよう、というものです。仮にこの区間に30個のデータがあったとき、その区間の全データを正確に足さなくても、この階級値を使うと、大ざっぱに30×58.0＝1740と求めることができます。

▶度数分布表を完成させる

121ページの度数分布表（サンプル）のまん中に、「マーク（チェック）」とあります。これはその階級（区間）にどれだけのデータがあるか、マークしていく欄です。筆者もアンケート回収後は、「正」の字を書きながらデータ数をまとめていました。原始的な方法ですが、膨大なデータでもない限り、手っ取り早く作業ができます。これを**画線法**と呼んでいます。

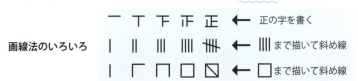

その右横にある「**度数**」とは、マークした「正」の字を数値に置き換えたものです。これで階級ごとのデータ数がわかります。データが顔を出す「**頻度**」ともいえます。右端の「累積度数」とは、それらの総和です。「累積度数＝データ数」になっているか、チェックモレがないかどうか、ぜひ、最後の数量確認に役立ててください。

以上の手順を踏んで、121ページ（または前ページ）の80のデータをもとに、度数分布表を完成させました（次ページ）。

この完成した度数分布表ですが、サンプルのものと、どうも微妙に違っているように見えます。

違いは、「階級」にあります。121ページのサンプルでは「0〜9」「10

〜19」のように、階級間がつながっていませんが、完成した下の度数分布表では、「〜57.0」「57.0〜」のように数値が連続しています。

■ 完成した「度数分布表」──80人の社員の体重

階級（級）	階級値 （階級の中心値）	マーク（チェック）	度数	累積度数
55.0〜57.0	56.0	正 一	4	4
57.0〜59.0	58.0	正 一	6	10
59.0〜61.0	60.0	正 正 一	11	21
61.0〜63.0	62.0	正 正 下	13	34
63.0〜65.0	64.0	正 正 正	14	48
65.0〜67.0	66.0	正 正 下	13	61
67.0〜69.0	68.0	正 正	9	70
69.0〜71.0	70.0	正	6	76
71.0〜73.0	72.0	丁	2	78
73.0〜75.0	74.0	丁	2	80

サンプルとは違って、次の階級と連続しているんだ！

■ 度数分布表から作成した「ヒストグラム」

（階級の幅、境界線、階級の中心値のラベルが付いたヒストグラム。階級（10区分））

　これは、サンプル例はみかんのような「非連続量のデータ」、完成した度数分布表は「連続量のデータ」[*2]であったから、と理解できます。実際、完成した度数分布表は「80人の体重データ」でした。このように、連続量を扱う場合には、階級区分でラインを引いた場合、そのライン上のデータをどちらに入れるのか（「55.0以上、57.0未満」のように）、事前に決めておく必要があります。

[*2] 身長や体重は「連続量」とされるが、実際には170cm、60kgなどのように整数単位で測られることが多いため「非連続量」と考えることもできる。逆に、算数などの得点は「60点」のように1点刻みの「非連続量」に見えるが、能力の変化は連続的なので「連続量」とすることもある。

■連続量データの度数分布表

階級（級）	階級値 （階級の中心値）	マーク（チェック）	度数	累積度数
0～10	5	正	4	4
10～20	15	正		
20～30	25	正		
30～40	35	正		
40～50	45	正		
50～60	55	正		
60～70	65	丅		

■非連続量（離散量）データの度数分布表

階級（級）	階級値 （階級の中心値）	マーク（チェック）	度数	累積度数
0～9	5	正	4	4
10～19	15	正 一	6	10
20～29	25	正 正 一	11	21
30～39	35	正 正 下	13	34
40～49	45	正 正 一	11	45
50～59	55	正 丅	7	52
60～69	65	丅	2	54

階級区分の方法が違っている

なるほどニャ。みかんなら9個の次は10個だけど、体重はそうはいかないもんニャ。

度数分布表の度数をもとに相対度数を求めることで、全体に占める割合を求めることができます。

■度数から「相対度数」を求める

階級（級）	階級値 （階級の中心値）	マーク（チェック）	度数	相対度数
55.0～57.0	56.0	正	4	0.05
57.0～59.0	58.0	正 一	6	0.075
59.0～61.0	60.0	正 正 一	11	0.1375
61.0～63.0	62.0	正 正 下	13	0.1625
63.0～65.0	64.0	正 正 正	14	0.175
65.0～67.0	66.0	正 正 下	13	0.1625
67.0～69.0	68.0	正 正	9	0.1125
69.0～71.0	70.0	正 一	6	0.075
71.0～73.0	72.0	丅	2	0.025
73.0～75.0	74.0	丅	2	0.025

2 ヒストグラムで双峰型を見つけたら……

ヒストグラムの段階でも、いろいろなことを予測できます。いま、以下の3つのヒストグラムが得られたとします。これからどのようなことを読み取れるでしょうか。とくに③の「双峰型」のヒストグラムが出たときには、元データまで戻ってみるべきかもしれません。

① 山型（釣鐘型）

体重や身長など、多くの「連続量データ」のタイプに見られるパターン。山（峰）が1つなので、「単峰型（たんぽうがた）」とも呼ばれる。

峰が1つ（最頻値）
単峰型

② 指数型

このグラフのパターンは、製品ごとの販売ランキング、新製品の故障（クレーム）の時間的経緯などでよく見られる。

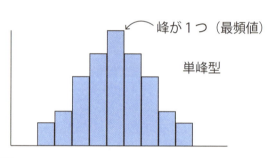

オラみたいな「ふたコブ」のグラフは要注意だって？失敬な。

③ 双峰型（そうほう）

山（峰）が1つの単峰型に対して、右のグラフは山が2つの双峰型パターン。この双峰型が現れたら、元データを洗い直すことを検討すべきといえる。そのまま分析しても効果が薄いためだが、それはなぜか？

双峰型

ふたコブ型が現れたら要注意！

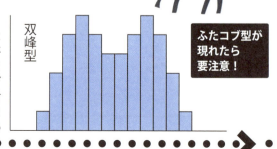

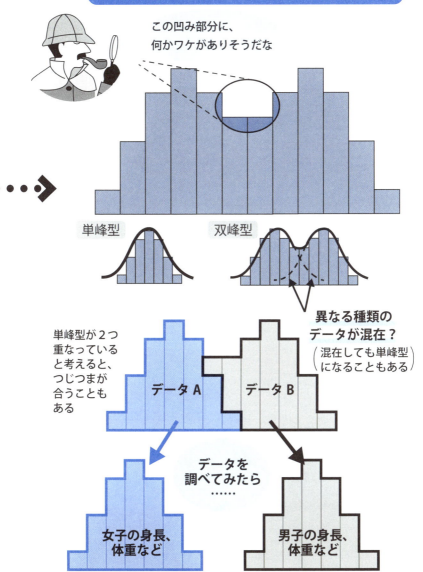

3 ヒストグラムから分布曲線へ

ヒストグラムをどんどん精細にしていくと、何らかの分布曲線に近づいていく……と考えることができます。

　データ量が少ないと、ヒストグラムも下図①のようにガタガタな形になりがちですが、データ量が増えていくにつれ、階級（幅）も細かくしていくことができ、最後は何らかの分布曲線に近づいていく、と予想できます。
　このとき、身長の分布などであれば、左右対称のきれいな釣鐘型（ベル

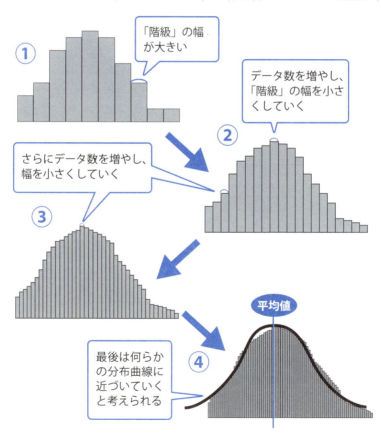

型）の分布に近づきそうです。これを「**正規分布**」と呼んでいます。正規分布曲線は、中心に「平均値」があり、その近隣に多数のデータが集まり、平均値から離れていくとともに、計測されるデータ量も減少する分布です。身長や体重が正規分布になるとされるだけでなく、測定誤差なども正規分布に従うと考えられています。

正規分布には無数のパターンが存在します。ただし、そのパターンも、「平均」と「分散（標準偏差）」のたった２つの数値で決まることがわかっています。

なお、どんな正規分布でも、平均から±１標準偏差（シグマ：記号 σ）までの距離に、全体の約68％（68.26％）のデータが集まっていることが知られています。実は、正規分布では、「平均からどれだけ離れているか」で、そこに含まれるデータの割合（確率）が決まっています。そして、その距離の単位として標準偏差が使えるのです。

正規分布は左右対称のグラフ

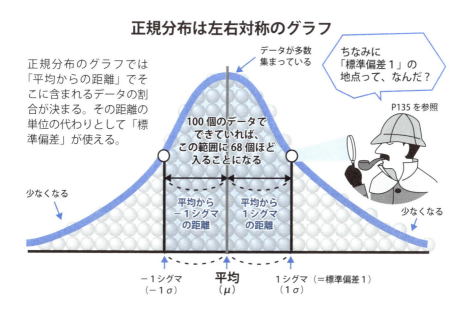

正規分布を動かす(1)
——平均を変更してみる

正規分布の形は無数に存在しますが、「平均」と「標準偏差」のたった2つの値で決まります。そこで「平均」を動かしてみましょう。

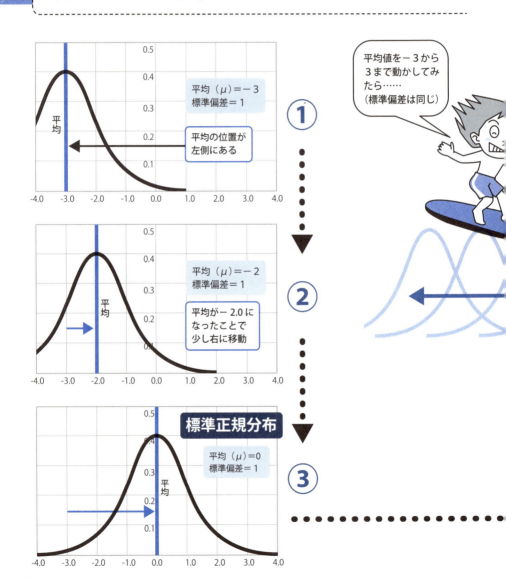

平均値を−3から3まで動かしてみたら……
(標準偏差は同じ)

① 平均(μ)=−3 標準偏差=1
平均の位置が左側にある

② 平均(μ)=−2 標準偏差=1
平均が−2.0になったことで少し右に移動

③ **標準正規分布**
平均(μ)=0 標準偏差=1

正規分布は左右対称の美しいグラフですが、形は無数に存在し、その配置もズレます。平均はちょうどその正規分布の中央に位置し、平均が変わると（標準偏差を変えずに）、正規分布の中心軸も変わります。つまり、**平均値が変わると「正規分布は左右に動く」**ということです。なお、平均＝0、標準偏差＝1の正規分布を**「標準正規分布」**といいます。

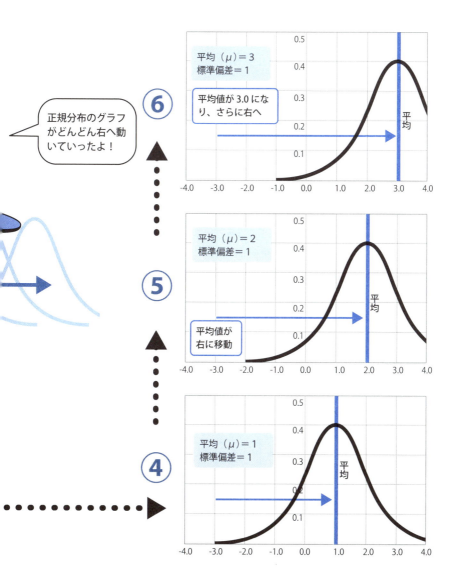

正規分布を動かす(2)
——標準偏差を変更する

前項では正規分布の「平均値」を変えてみたところ、「形は変わらないけれど、左右に移動する」ことがわかりました。しかし、正規分布の「標準偏差(あるいは分散)」の値を変えた場合(今度は平均値を変えない)、形が尖ったり、平べったくなったりと、見た目の形が大きく変わります。

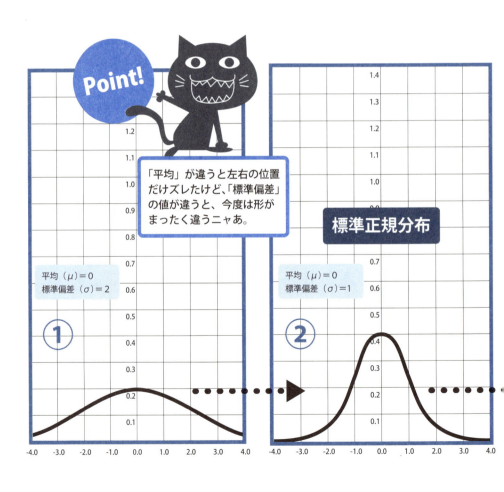

下図①（左ページ）でわかるように、標準偏差（あるいは分散）の値が大きいときは、なだらかな、平べったい正規分布の曲線を描きます。逆に、標準偏差が①→②→③→④へと小さくなっていくにつれ、正規分布は尖った、先鋭なグラフへと変化していきます。平均値は同じなので、中心はズレません。

　これだけ形が違ってくると、まったく別物にも見えますが、実はこれはヨコに伸びたり、タテに伸びたりしているだけで、基本的には同じものといえます。なお、前項でも述べたように、平均＝0、標準偏差＝1の正規分布を標準正規分布（左ページ②）といいます。

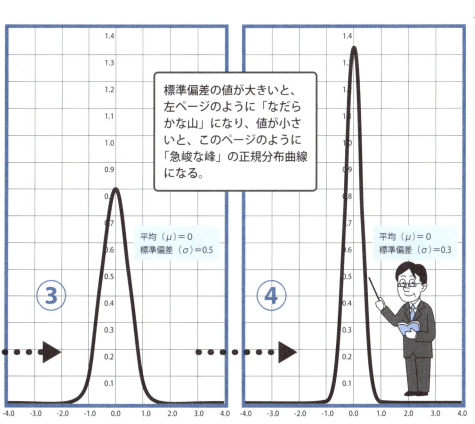

標準偏差の値が大きいと、左ページのように「なだらかな山」になり、値が小さいと、このページのように「急峻な峰」の正規分布曲線になる。

正規分布で確率を見る

129ページでは、どんな正規分布でも、「平均値±1標準偏差（±1シグマ）」に占めるデータの比率は68％と述べましたが、±2シグマ、±3シグマでは？

　正規分布では、平均（平均値）を中央にして、左右に減っていくカーブを描きます。そして、−1シグマ（シグマは標準偏差）の位置から1シグマまでの距離に占める面積（±1シグマ）は、68.26％になると述べまし

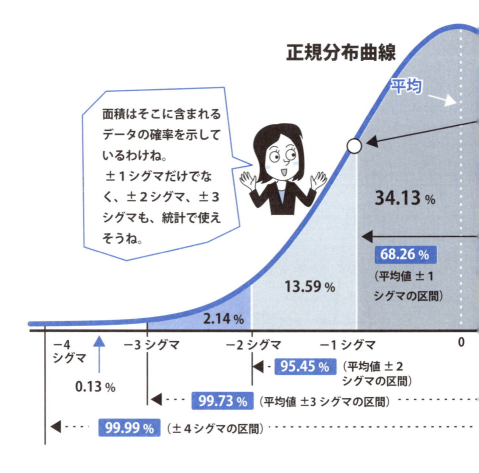

た。それはどんな形の正規分布曲線でも同じです。さらに、±2シグマ、±3シグマ……などについても同様のことがいえます。

①平均値±1シグマ……この範囲内にデータの68.26%が含まれる
②平均値±2シグマ……この範囲内にデータの95.45%が含まれる
③平均値±3シグマ……この範囲内にデータの99.73%が含まれる

▶データが含まれる「確率」を表わしている

結局、正規分布曲線では「平均値±標準偏差（あるいは分散）」までの範囲は「あるデータがその範囲内に含まれる確率」を表わしているのです。

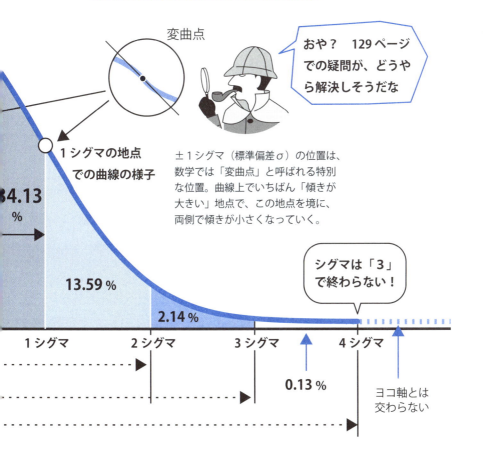

🧑‍🦰 正規分布って、その面積が確率を表わしているってことは、なんとなくナットクできるんですけど、この2シグマ、3シグマって、ピンとこないわ。しかも、95.45％とか、端数がついている。

🧑 そうだね。だから、シグマを優先させるのじゃなく、95％、99％というピッタリの数を使うことが多いんだ。こっちのほうが人にはフィットするからね。その場合、次のようになるよ。
　　95％　＝　1.96シグマ
　　99％　＝　2.58シグマ

🧑‍🦰 あ、テキトー。95％とか99％というのは数学的な裏付けではなかったんですか……。人の都合なんですね。

🧑 「テキトー」って、人聞きが悪いなぁ。でも、95％というのは、一つの目安に過ぎないのはたしかだね。

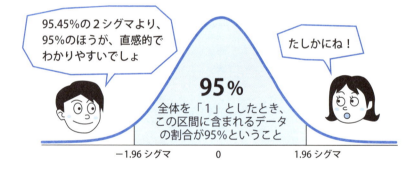

▶ ノーベル賞を受賞した決め手は6シグマ？

🧑‍🦰 ところで、正規分布の曲線と横軸とはどこで接するんですか？ それと、3シグマまでしか聞いたことがないんですけど……。

🧑 横軸とは接しないよ。現実レベルでいうと、データ量には限りがあるから、データが0になる（ヒストグラム的には接する）地点はある――といえる。ただし、「正規分布は無数のデータを扱っ

ている」と仮定すると、理論的には正規分布曲線と横軸とは接することはなく、永遠に両者は近づいていくだけ。だから、3シグマの先には4シグマ、5シグマ……とずっとあるんだよ。

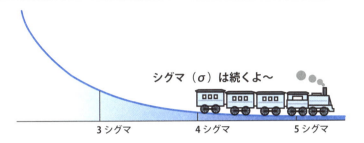

シグマ（σ）は続くよ～

3シグマ　　4シグマ　　5シグマ

 上に5シグマと書いてあるけど、そんな確率を必要とする分野って、あるんですか？

 あるよ。「新しい素粒子の発見！」というときには3シグマ（約99％）程度だと認められない。2015年にノーベル物理学賞を受賞した梶田隆章さんの場合も、従来、「ニュートリノには質量はない」とされていたのを「質量がある！」と発表し、それでも支持を得たのは「6.2シグマ」の実験データを得ていたからなんだ。6.2シグマ（±6.2シグマ）って99.9999999997％の確率のことで、間違いのリスクは0.0000000003％^{*1}。素粒子物理学の世界では、極めて厳密に統計学の知識が運用されているんだね。

質量はある？　ない？

無

有
ニュートリノ

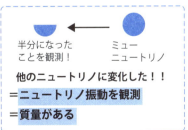

ニュートリノに重さ（質量）があった根拠（エビデンス）は、「6.2シグマ」で……

半分になった　　　ミュー
ことを観測！　　ニュートリノ

他のニュートリノに変化した！！
＝ニュートリノ振動を観測
＝質量がある

＊1　ニュートリノ振動と呼ばれる現象が実際には起きていないにもかかわらず、たまたま「ニュートリノが半分に減った」という現象を観測する「間違いの確率」が0.0000000003％。

7 「管理図」で品質管理

日本の製造業が世界的に評価された最大の理由は、戦後の「品質管理」にあったと考えられています。正規分布がどのように品質管理の向上に生かされているのか、少しだけ見ておきましょう。

▶ 管理図でバラツキを見る

デミング博士（米：1900〜1993）が戦後、日本で統計的な手法を指導したこともあって、日本の産業界は生産物の品質を大幅に改善してきました。なかでも、**品質管理の7つ道具**[*1] と呼ばれるものがあります。この

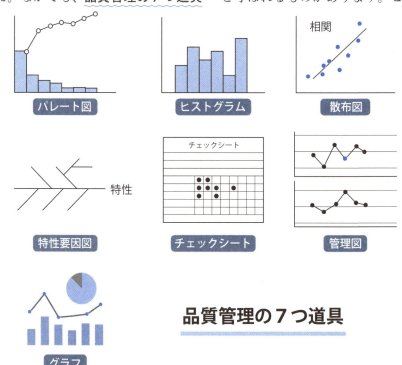

品質管理の7つ道具

---

*1 「品質管理7つの道具」については、「管理図」を「グラフ」の1つとして入れ、「層別」を追加するものもある。

中で「問題発見」に役立つ道具の1つが「**管理図**」です。管理図は生産工程が安定しているかどうか、製品のバラツキ度を見るグラフです。

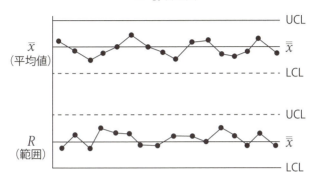

$\bar{x}$-R 管理図

上の「管理図」を見ると、折れ線グラフの形をしています。タテ軸の目盛が少し変わっています。実は、下のグラフを見ればわかるように、正規分布の曲線（下図の左側）を90度回転させたものになっているのです。

平均が真ん中のライン（CL＝センターライン）、そして、±1シグマ、±2シグマ、±3シグマにラインが入っています。この**±3シグマのライン**が「限界線」と呼ばれているもので、UCLが上部管理限界線（Upper

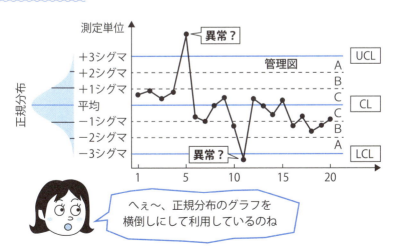

へぇ～、正規分布のグラフを横倒しにして利用しているのね

Control Limit)、LCLが下部管理限界線（Lower Control Limit）です。また、UCL〜CL、およびCL〜LCLを３等分した領域がA、B、Cです。

▶「原因のある不良品」を早めに見つける

当然、UCL（上のAの範囲）より上、あるいはLCL（下のAの範囲）より下にある製品（部品）は不良品（管理アウト）です。問題は、その不良品が「たまたま（偶然）」生まれた不良品なのか、「何らかの原因（機械、工程、習熟度）」によって生まれたものなのかによって対応が異なります。

どんなに厳密な環境下にあっても、材料、温度などによってたまたま（偶発的に）不良品が出てしまうことはあります。その場合には検査工程ではじけばよいだけです。しかし、明確な原因があって不良品が生まれているとすれば、それは機械を止め[*1]、原因を追求しなければなりません。どちらの理由で不良品が出ているのか、それを「管理図」で見当を付けようというわけです。

たとえば、１年間に10万個を生産している製品で、３個くらいの製品

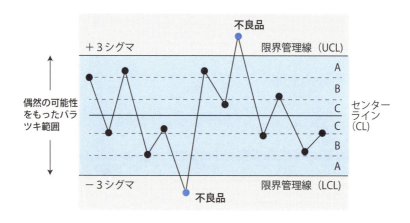

[*1] トヨタの工場では「あんどん」と呼ばれる異常を知らせる有名な仕掛けがあり、何らかの不具合があれば「あんどん」を点灯し、機械を止める。「不良品をつくるくらいなら機械を止める」という発想だと聞いた。ほかにも、筆者が工場施設内の一定区域内に入ったところ、体が赤外線を遮断したことで一帯の機械が止まった。危険を察知したら、まず機械を止めるということだという。

がUCLを超えて不良品と診断されても、それはたまたま（偶然）起きた可能性があります。ただ、その3個が1週間以内に連続して起きていたらどうでしょうか。たまたまと言えるでしょうか。

また、その不良品が発生する直前の数百個の製品がどれも限界線に近いものだったら、「怪しい、何か不具合が起きている」と考えないと、大量の不良品が出る危険性があります。

そこで、JIS規格（日本工業規格）では「たまたま（偶然）」なのか、「原因がある」と考えるべきなのか、その目安を次のように定めています。ただし、これはあくまでも「ガイドライン」であって、個別の状況によって考えていくことが求められています。

■異常判定のルール（新JIS）

1	管理限界外	領域A（3シグマ）を超えている
2	連（れん）	連続する9点が中心線に対して同じ側にある
3	上昇・下降	連続する6点が増加、または減少している
4	交互増減	連続する14の点が交互に増減している
5	2シグマ外（限界線接近）	連続する3点のうち、2点が領域A（3シグマ）、またはそれを超えた領域にある（＞2シグマ）
6	1シグマ外	連続する5点のうち、4点が領域B（2シグマ）、またはそれを超えた領域にある（＞1シグマ）
7	中心化傾向	連続する15点が領域C（1シグマ）に存在する
8	連続1シグマ外	連続する8点が領域C（1シグマ）を超えた領域にある

＊8つの判定ラインはあくまでもガイドライン。

オシャカの原因が「たまたま」ならまだしも、「明らかな原因」があるケースなら、早めに「異常」を見つけるべし」だニャ

統計学ゼミナール

Excelで正規分布をつくる手順

後半の正規分布の応用に入る前に、まとめとして、Excelを使った正規分布のつくり方を覚えておきましょう。自分で何度も正規分布をつくり、慣れ親しんでいると、正規分布の意味も体得しやすくなるからです。

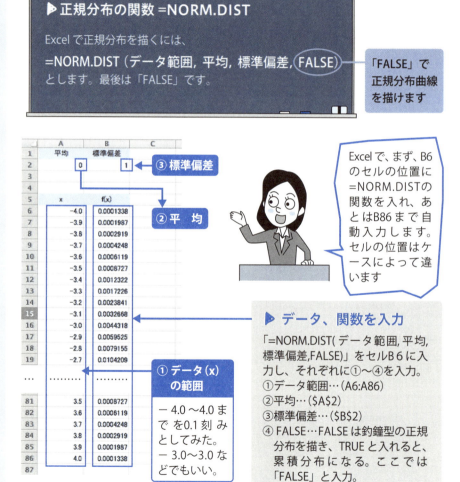

▶正規分布の関数 =NORM.DIST

Excelで正規分布を描くには、
=NORM.DIST（データ範囲, 平均, 標準偏差, FALSE)
とします。最後は「FALSE」です。

「FALSE」で正規分布曲線を描けます

③ 標準偏差
② 平　均

Excelで、まず、B6のセルの位置に=NORM.DISTの関数を入れ、あとはB86まで自動入力します。セルの位置はケースによって違います

① データ（x）の範囲

－4.0～4.0までを0.1刻みとしてみた。－3.0～3.0などでもいい。

▶ データ、関数を入力

「=NORM.DIST(データ範囲, 平均, 標準偏差,FALSE)」をセルB6に入力し、それぞれに①～④を入力。
①データ範囲…(A6:A86)
②平均…(A2)
③標準偏差…(B2)
④FALSE…FALSEは釣鐘型の正規分布を描き、TRUEと入れると、累積分布になる。ここでは「FALSE」と入力。

▶ グラフを選ぶ

前ページの作業でデータを入力し終えたら、次に、
① 「データ範囲」と「NORM.DIST」関数の各セルを選択（A6:B86）
② 「グラフ」から「散布図（平滑線）」を選択して作業を進めます。

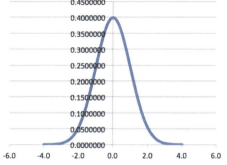

▶ グラフを調整

真ん中のようなグラフができますが、縦軸の目盛が細かすぎるので、表示を調整します。他にもケイ線を引いてみるなど、好みに合わせて調整してください。

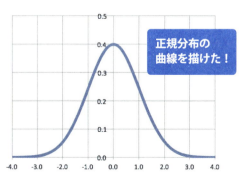

正規分布の曲線を描けた！

統計学ゼミナール

▶ 正規分布の関数 =NORM.DIST

Excelで正規分布の累積分布を描くには、

=NORM.DIST（データ範囲, 平均, 標準偏差, TRUE）

とします。最後は「TRUE」です。「TRUE」で
正規分布の累積曲線を描けます。

「TRUE」で正規分布の累積曲線を描けます

▶ セルに入力

セルB6に「=NORM.DIST(データ範囲,平均,標準偏差,TRUE)」の内容を入力し、以下のセル（B7～B86）では自動入力。

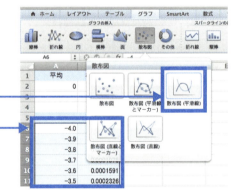

▶ グラフを選択

先ほどと同様に、
①データ範囲を選択（A6：B86）
②「散布図（平滑線）」を選択します。

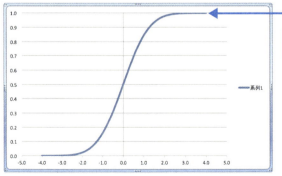

累積グラフが描けた！

144

▶ 正規分布の公式

正規分布の公式は、次のようなものすごい形をしています。

$$f(x) = \frac{1}{\sqrt{2\pi}\sigma} e^{-\frac{(x-\mu)^2}{2\sigma^2}} \quad \cdots\cdots ①$$

①は次のようにも書くことができます。

$$f(x) = \frac{1}{\sqrt{2\pi}\sigma} \exp\left(-\frac{(x-\mu)^2}{2\sigma^2}\right) \quad \cdots\cdots ①'$$

①と①'はまったく同じ内容です。①のように$e^{\bullet}$と書いてもいいのですが、その●の部分が①のような複雑な式（上付きの添え字）になってくると、文字も小さくなり、とても紛らわしいので①'のように「exp（●）の形でカッコで大きく書いてもいいよ」ということです。

ウソでしょ？
この式を使えないと、正規分布は理解できないというの？
統計も……？

▶ 正規分布の形は「平均」と「標準偏差」で決まるわけ

心配いらない！
大丈夫だニャ！

いやいや、安心して。正規分布の式を実際に使うことは、まずないよ。ただ、この式をよ〜く見ると、π（円周率）= 3.14…だし、e = 2.7182…だから、結局、「**μ（平均）、σ（標準偏差）だけで正規分布は決まる**」というのは、この式を見れば納得できる、ということだニャ。

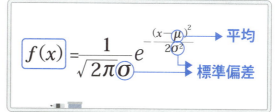

2つの異なる正規分布を1つにする？

正規分布の後半戦です。この正規分布曲線を使うと、そのままでは比較しにくい2つの異なるものを、相対的に比較できることがあります。事例は数学と英語の成績比較です。まずは厳密にではなく、イメージで接近してみます。

　高校生のA君が全国模試を受け、数学が73点、英語が76点でした。平均点は数学が60点、英語は68点です。Aくんの成績は、数学と英語では<u>どちらが相対的に良かった</u>といえるでしょうか（得点分布はいずれも正規分布に従うとする）。じつは、これだけでは判断できません。もう1つ欲しいのは、全体のバラツキ具合を示す<u>標準偏差</u>です。いま、数学の標準偏差は8点、英語は6点で、正規分布だと仮定しましょう。

	数学	英語
A君の成績	73点	76点
全体の平均点	60点	68点
標準偏差	8点	6点

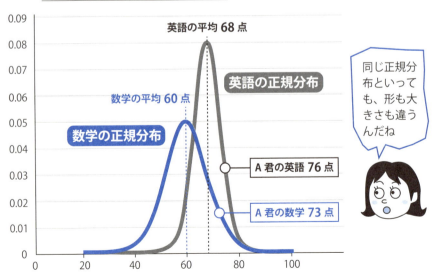

グラフを描くと、前ページのようになりました。得点は英語のほうが数学よりも3点上ですが、相対的には数学のほうがよさそうにも見えます。

▶同じ形のグラフにしてみよう！

前ページの図で、数学73点、英語76点の線と、それぞれの正規分布曲線との交点がそれぞれの占める位置です（順位も表わしている）。

この項では具体的な数値計算はせず、グラフを操作するイメージで、数学と英語という、2つの異なるものを比較できることを見てみます。そして、数値で確かめるのは次項ということにします。

さて、このままでは比べられません。どうすれば数学、英語という2つの異なるグラフを比べられるか。それは**2つのグラフを同じ形にしてしまえばいい（揃える）**のです。

2つのグラフを揃えればいいっていうけれど、別々の曲線を、どうやって揃えられるんですか？

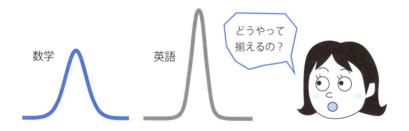

ここでは正規分布を前提にしている、ってことだったよね。正規分布って、無数のパターンがあったけど、それでも「**平均値と標準偏差（あるいは分散）の2つがわかれば、その正規分布は決まる**」ということだった。

覚えてます。たしか、①平均値が違うと左右に動く、②標準偏差（分散）が大きいとデータのバラツキが大きいので、低くてヨコに平べったい正規分布になったり、標準偏差が小さいとバラツキ

が小さいので、背が高く細長い正規分布になる……、でしたよね？

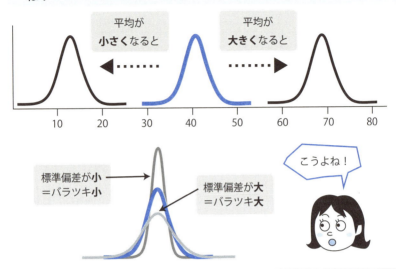

🧒 その通り。だったら2つの曲線を手で動かす感覚で操作してやれば、2つの分布曲線は同じものになるんじゃない？ いまは①平均値も、②高さ・幅（標準偏差）も違うけどね。

👧 じゃぁ、まず「平均値」をあわせてみますよ。数学のグラフ（青）の平均値を右に動かして、英語の（黒）の平均値の位置に合わせてみました。やっぱり、コンピュータ上でやると、かんたんですね。

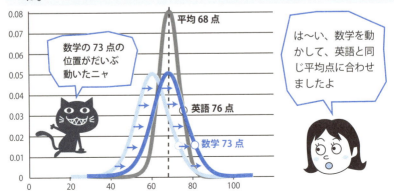

🧑 まぁ、マウスでおおざっぱにグラフを動かしているだけだからね。①の平均値は終わった。次は②の標準偏差をどうするか？ 2段階でやるのがヒントだよ。

👩 高さが全然違うから、これを合わせますね。高いほうの「英語」全体を圧縮していけば……。こうなりました。

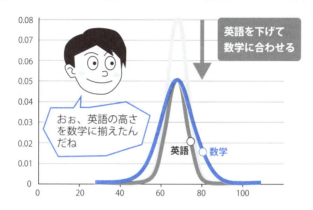

👩 最後に「幅」をあわせてやると……。きれいに重なったわ。手でアバウトに動かしてきた割には、ほぼピタリでしたね。「数学」のほうが「英語」より少し右側にありますね。

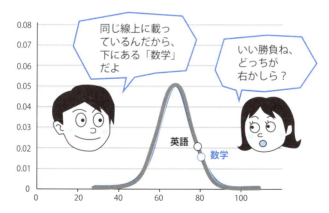

🧑 決着がついたね。グラフで見るのは面白いけれど、できたらこれを「数値」で表わしてみたいね。

9 標準正規分布は使いまわしがいい！

前項で「数値化したい」といいましたが、その方法は前項のグラフでやった方法をなぞるだけです。数値で算出すると、差異をきれいに出せます。

▶ 標準得点、標準化で「比較できる場」を設けた

グラフを見るとイメージをつかめますが、いったん理解できれば、その後は計算で数値をはじき出したほうがラクですし、数値なら誰にでも根拠として示すことができて便利です。

A君の数学・英語の得点と、平均点との差を見ると、

数学 得点−平均点＝73−60＝13点
英語 得点−平均点＝76−68＝8点

です。この得点差をバラツキ度（標準偏差）と対応させるため、

・数学の13点は標準偏差8点に対して　13÷8＝1.625　に相当
・英語の8点は標準偏差6点に対して　8÷6＝1.333　に相当

と考えます。この1.625や1.333のことを「標準得点」とか「標準化得点」と呼んでいます。

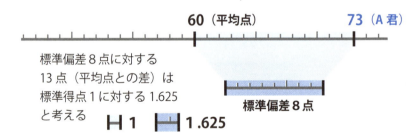

数学、英語のA君個人の得点も、全体の平均点も、科目ごとの標準偏差もすべて異なり、比較をすることが困難と思われましたが、標準得点を算出すると、大きく変わります。

というのは、「標準偏差を1としたとき、A君の数学、英語の成績はそれぞれ1.625、1.333」ということで、異なるものを数値で比較できるよ

うになったからです。

A君の成績だけではありません。試験を受けた全員の試験結果（データ）についても、「平均との差」をその科目の標準偏差で割ってやれば、標準得点を算出できます。これは全員の成績を「標準得点＝1」との対比で共通化したもので、「標準化」と呼んでいます。

▶ 標準正規分布は平均＝0、標準偏差＝1

いま、「標準得点＝1」で標準化できた、といいました。では、「平均」のほうはどうなっているでしょうか。本来、平均点は科目ごとに異なっているものですが、標準得点で分布させたとき、その「平均」は0になっています。

というのは、A君の標準得点は1.625や1.333のように「プラス」になりましたが、それはA君の成績が平均点より高かったためです。もし、平均点よりも低い場合には標準得点も「マイナス」になります。容易に想像できるように、全員のデータを集めると、「±0」になります。

ということで、各人の成績から標準得点を算出して「標準化」した場合、それを表わす分布は、

　　平均＝0、標準偏差＝1の正規分布

になります。「正規分布は無数にある」といってきましたが、この特別な正規分布のことを「標準正規分布」と呼びます。

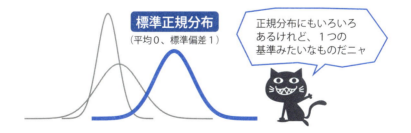

▶ 個人の位置を知る

数学の標準得点は1.625、英語は1.333でした。これは標準正規分布に

おける標準偏差1（1シグマ）の1.625倍、1.333倍の位置ということですから、単純に「数学は1.625シグマ、英語は1.333シグマの位置」と考えられます。すると、A君の数学の位置がわかります。

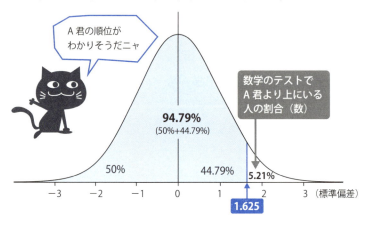

センパイ、ちょっと待ってください。この標準正規分布のグラフで、どうして「標準偏差＝1.625」なら、上から5.21％の位置だとわかるんですか？ おそらく、左側が94.79％だとわかったから、100％−94.79％＝5.21％と計算したんでしょうけど。

「標準正規分布表」というのがあるんだ。それを見ると、標準偏差が1.625より下の部分が累積で出ているんだ。手許に標準正規分布表がなかったんで、次ページのようにExcelでつくってみた。

この章のコラム「Excelで正規分布をつくる手順」（P142）という方法ですね。「累積」ということはNORM.DIST(範囲,平均,標準偏差, TRUE)のほうを使ったんですね。FALSEではなく、TRUEのほうを。

そう。ただ、標準偏差1.625はこの表からはストレートに出てこないから、1.62と1.63の間の平均を取って「94.79％（0.9479）」と推定したんだ。ということは、A君の上には残り5.21％の人たちがいる、ということだね。

■Excel で標準正規分布をつくる、見る

④セル B3 に「=NORM.DIST($A3+B$2,E1,G1,TRUE)」と入力。「$」はわかりやすく色塗りしただけで、このような色になるわけではない。

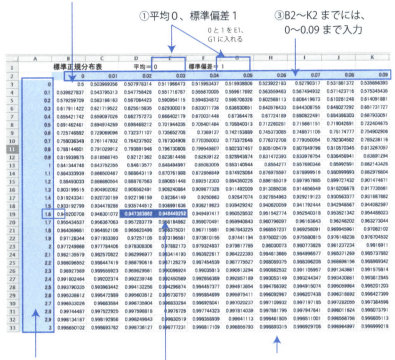

①平均0、標準偏差1
0と1をE1、G1に入れる

③B2〜K2までには、0〜0.09まで入力

②タテに0〜3（シグマ）まで、0.1刻みで入力

⑤最後に、セルB3をコピーし、範囲内のセルにペーストする。この場合、標準偏差が3.09（シグマ）まで表示されているが、さらに増やすことも可能。

4章 正規分布を体感する！

1.625 ということは、左列（A列）の「1.6」のあと、右に数字を見ていくと、「0.02」がある。これは 1.6 のあとに続く数なので、1.62（＝1.6＋0.02 の意味）ということ。実際には 1.625 を知りたいので、次の「0.03」、つまり 1.63 との中間になる。

1.62＝約 0.9474
1.63＝約 0.9484
→ **1.625＝約 0.9479**

ワカッタ…ような予感！

🙍‍♀️ 全国模試だという話だったから、数学で1万人受けていれば、521位ぐらいというわけですね。英語の標準偏差は1.333だったから、前表から0.9082、つまり90.82％。その上には残り9.18％の人がいるわけですね。いずれにしても、いい成績だわ。

🙍‍♂️ まぁ、大事なことは、本来なら比較できない「異なるもの同士」の間で、「標準化」という方法を使って比較できるようになった、ということだね。

▶ 偏差値、知能指数も？

🙍‍♀️ これって、偏差値にそっくりですね。「平均＝0」というところがぜんぜん違うけど。たしか、偏差値は「まん中＝50点」だったわ。でも、よく似ているわ。

🙍‍♂️ そう、偏差値はまさに、この標準化の数字を少し変えただけだよ。人間って、テストの成績を見る時は、まん中（平均点）が50点ぐらいになるのがわかりやすいよね。そこで、A君の標準得点の計算のときのように、
① （得点−平均点）を計算し、その後、標準偏差で割る
②10倍する
③平均点として50点を加える
ということで、次の計算になる。

$$偏差値 = \frac{(得点 - 平均)}{標準偏差} \times 10 + 50$$

偏差値は通常の試験では20点〜80点くらいの範囲におさまるけど、試験の難易度によっては100点を超えたり、0点以下になることだって、あるんだよ。

🙍‍♀️ 正規分布と偏差値とが関係してくるとは思わなかったわ。

🙍‍♂️ 正規分布では、標準偏差でいうと、平均値±1シグマで68％くらいの範囲が入るといってきたよね。±1シグマは偏差値でいうと

ちょうど、40〜60に相当するんだ。そして、平均値±2シグマは、偏差値では30〜70にあたるよ。

「能力を数値化する」ってことだと、知能指数（IQ）も似たような感じですよね。何か関係あるんですか？

そう。偏差値はまん中を50点としたけれど、「知能指数」はそれを100としたもので、最高で140くらいといわれている。

友だちから聞いたんですけど、ギネスブックには「知能指数」で世界一の人の名前も載っているらしくて、女性だということでしたよ。

アメリカのマリリン・ヴォス・サヴァント（1946〜）で228だというから、とても高い数字だね。彼女については、最後の「番外編」の章で、もう一回その名前が出てくると思うよ。

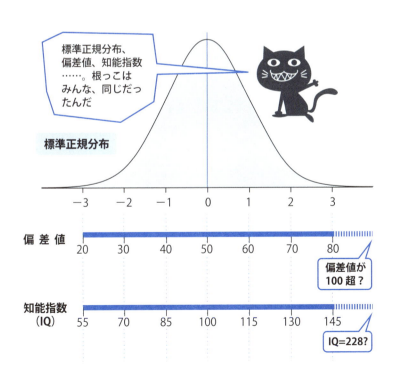

2つの異なるグループを比較してみる

プロローグで3つのクイズを出しました。その2番目が「異なる部署で働く2人の成績（貢献度）をどう比較するか」ということでしたが、前項の正規分布を利用して、ざっくりと説明してみます。

X社営業部でナンバーワンのAさん、研究開発部でトップのPさん。専門の異なる2人ですが、今回特別に、「会社に最も貢献した社員1人だけをスタンフォード大学に1年間、留学してもらおう」——こういう話をプロローグでしました。では、どうやって選べばいいのか？

 かなりムチャな設定ですけど、組織ではありそうな話ですね。ご褒美的な要素も強そうだし。

 本来、異質のものを比べるのはむずかしい話だけど、考え方だけでいうと、前項まで（8項、9項）と同じ方法を使えばよさそうだね。「偏差値」で比較する方法だよ。

まず、営業部では年間売上高によってデータが計上され、次のようなヒストグラムができているとするよ。Aさんの位置もわかる。次に研究開発部では年間特許件数によってやはりランキング化され、それをもとにヒストグラムがつくられている。

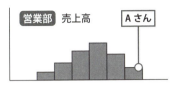 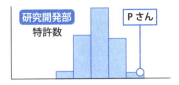

> 売上金額と特許数では比較のしようがないけど、正規分布曲線を利用して、「偏差値」で比較しようというわけね。前項までより簡単そう。でも、肝心の正規分布曲線がないわよ。

> 8項(P146)のA君の場合は全国模試だったから参加者(データ)も多く、正規分布と想定してもよいだろうけど、会社組織だと、上のようなヒストグラムしかふつうは描けないよね。

> 「いきなり暗礁に乗り上げた!」という感じだわ。ヒストグラムを小さく区切っていくわけにもいかないし……。

> ここは少しおおざっぱに(目をつぶって)、2つのヒストグラムに釣鐘型曲線(正規分布曲線)をかぶせてあげるんだ。

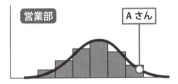 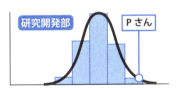

> つまり、ヒストグラムの形に近そうな正規分布を探して載せる、ということだね。あとはかんたんだ。
> 8項でグラフを重ねていったように、本来、正規分布曲線は同じものなので、平行移動(平均をあわせる)や高さ・ヨコ方向(標準偏差)が合うようにグラフを拡大・縮小すれば、2つの正規分布曲線は同じ形になる。そこでトップ同士の位置を比較してあげればいい。

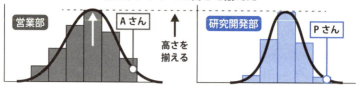

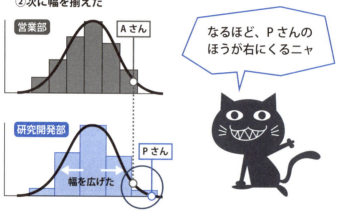

> そうすると、研究開発部のPさんのほうがグラフの右に来るので、部署は違うけれど、Pさんのほうが少し高いってことね。

> かなり強引な使い方に見えたかもしれないけれど、ヒストグラムの上に大ざっぱな正規分布曲線をかぶせることで、異なる2つのグループを比較することができたね。
> もちろん、この2つのグループ（営業部、研究開発部）の人的能力は基本的にほぼ同じで、それぞれの部署内の業績は自然なバラツキをしているだろう、という前提付きだよ。

> まぁ、かなり無理のある前提だったけど、考え方としては理解できたわ。

統計学ゼミナール

ポアンカレとパン屋さんの仁義なき攻防

　正規分布を活用したエピソードとして有名なものに、**ポアンカレ**（フランス、1854〜1912）とパン屋さんの話[*1]があります。

　ポアンカレは、あるパン屋さんからパンを1kg（ひとかたまり）を買い、1年間、こまめにパンの重さを測り続けていたそうです。もちろん、1回や2回、1kgに達しない場合があっても、何の不思議もありません。パンづくりにもバラツキがあるためです。ですから、「1kg」といっても、それが1kgを中心にした正規分布になれば（バラツキ度が大きいのは問題あるとしても）、ポアンカレとしても、問題とはしなかったことでしょう。

　けれども、1年間の計測の結果判明したのは、パンの平均値が1kgではなく、950gの正規分布を描くことでした。下の青い正規分布のようなグラフだったと考えられます。

　本来考えていた分布（薄いグレイの正規分布）より、50g少ない。パン屋さんは「1kg」と偽って、950gの重量のパンを売っていたわけです。

　こうして1年間分のデータをもとに、ポアンカレはパン屋さんを訴えた

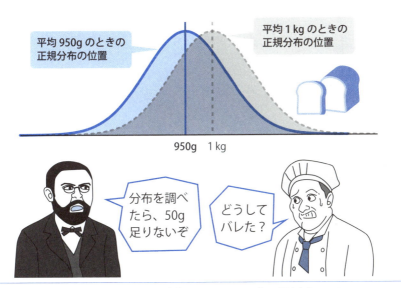

*1　この話は『確率・統計で世界を読む』（バート・K・ホランド）に紹介されている。

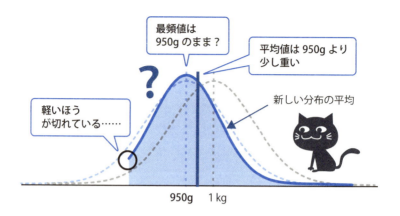

ものの、やはりパン屋さんを信用しきれないためか、さらに1年間、パンの重さを計測し続けます。

　すると、上のような不思議なグラフになったそうです（グラフが残っていないので、筆者の推測が入っている）。第一に、左右対称ではなく、最頻値は依然として950ｇのまま。ただし、なぜか平均値は少し重くなっている……というものです。グラフの左の裾（軽いパン）を切ったような形状だったろうと推測できます。ふつうにパンをつくっていれば、正規分布に近くなると考えられますが、これは不自然です。

　なぜこんな分布になったのか。考えられることは1つです。

（1）パン屋さんは依然として1kgではなく、950ｇの少しごまかしたパンをつくり、売り続けていた
（2）ただし、うるさいポアンカレには、クレームを付けられないよう、少し大きめのパンを選び、渡していた

ということです。ポアンカレはこの「不自然な分布」からそれを見抜き、再度、パン屋さんを訴えることになったそうです。

　ポアンカレには「数学者とは、不正確な図を見ながら正確な推論のできる人間のことである」という言葉が残っています。このケースでも、1年間に及ぶデータ収集からつくった不思議なグラフを見ながら、正確な推論をしたようです。

5章
サンプルから母集団の特徴を「推定」する

この5章、次の6章で「推測統計学」に入ります。いずれもサンプルをもとに、母集団の特性を推測することは同じです。違いは、①母集団の具体的な値を推定する、②母集団についての仮説の真偽を行なう——という点です。①を本章で、②を6章で見ていきます。

なにを「推定」するのか？

本章では推測統計学の2本柱の1つ、「推定」を取り上げます。推定とは、サンプルデータからおおもとの集団の平均、分散などを推測することをいいます。

▶ 平均、そして比率（視聴率）などを推定する方法

統計学の現在の主流は、1章でも述べたように「推測統計学」です。

記述統計学……<u>全データを扱えることを基本にしている</u>
推測統計学……<u>サンプルからおおもとの集団の特徴などを推定する</u>

その意味では、推測統計学を扱う5章の「推定（統計的推定）」、次の6章の「仮説検定」が推測統計学の中心的な役割をはたすといえます。

ところで、「サンプルデータをもとにして、おおもとの集団の性質・特徴などを推定する」という場合、いったい何を「推定」するのでしょうか。この場合の推定とは、「おおもとの集団」の平均、分散、あるいは比率などを指しています。

「平均や分散？　それほど大事なものか？」といえば、その2つがわかれば、もとの集団のことをある程度、推測できるからです。たとえば、従業員の賞与アンケート結果を会社側に提出する場合（3章1項P82）でも、平均値が大きな参考データになりますし、分散がわかれば「だいたいこのくらいの所に従業員の大半の要望が散らばっているな（突出した回答額は別として）」とわかります。

「平均はわかるが、比率ってなに？」と思うかもしれません。これは具体的には視聴率などのことです。わずかなサンプルデータから視聴率がどのように算出されるのか、その誤差はどのように見積もれるのか──。

これらの「推定」の手順は、基本的には「おおもとの平均」を求める方法を覚えれば、どれも同じ手順と考えられますから、本書でも、①「おおもとの集団の平均」を求める方法、②具体的な視聴率を求める方法の2つを説明することにしました。

「推定」は「推測統計学」の柱の1つですから、いくらでも深く入って

いけます。たとえば、正規分布に似た「t分布」、見た目は正規分布とは異なる「カイ二乗分布（χ^2分布）」などを使うケースもあり、それらの理論的な背景、さらにそれを理解するための「自由度」といったハードルの高い概念もあります。ただ、「平均と比率」の2つを知ることができれば、「推定方法」の理解には十分と考えています。

▶ 大筋を理解する

ところで、本書ではあまり、計算らしき計算をしてきませんでした。ざっくりと統計学を理解するには、一定程度の手計算はトレーニングや理解の浸透に役立つ面もありますが、私の経験上、計算に専念すると、肝心の統計学を好きになりにくいからです。

ただ、この章では計算式が少しだけ登場します。実際の計算を細かにするわけではないものの、「こんな計算式で推定する範囲を絞っていくのか」「この部分の数値を変えると、確率を95％から99％に引き上げられるのか」といったことは重要と考えたからです。

統計学の計算の大半は、たし算、ひき算、かけ算、わり算の四則計算で済みますから、Excelで上記の計算をさせる場合も、特別な統計関数を知る必要はほとんどありません。数値を変えての再計算など、めんどうなことはExcelにまかせてください。

▶ 推測統計学を支える中心極限定理

「サンプルデータから、おおもとの集団の平均を推定する」という手順のためには、あてずっぽうな方法ではなく、それを支える考え、理屈が必要です。それが**中心極限定理**と呼ばれるものです。これは「おおもとの集団の平均値を推測するとき、推測統計学を支える大事な定理」と考えています。

なお、長い間、「おおもとの集団」といった言葉を使ってきましたが、次項からは「母集団」という言葉に置き換え、説明していく必要に迫られてきますので、いくつかの言葉の説明から入ることにしましょう。

2 統計学用語を整理することから

おおもとの集団、サンプル集団にはそれぞれ「平均」「分散」「標準偏差」があって、たんに「平均」というだけではどちらのことを指しているのか区別がつかなくなります。そこで最初に、言葉を整理しておくことにしましょう。

▶ 平均、分散、標準偏差にも2通りある？

2章や3章では「平均」「分散（あるいは標準偏差）」という言葉をこだわりなく使ってきましたが、考えてみると、「平均」というと、それが「おおもとの集団の平均」なのか、「サンプルデータの平均」なのか、混同してしまいます。

あなたがサンプル（標本）の平均のことを考えていても、相手が違うことを考えている可能性があるときには、どちらの意味で使っているかを確認しながら話を進めたほうがよく、そのためにも正確な統計学用語や概念で使い分け、相手との意思疎通を図る必要があります。そこで基本的な統計学の用語を整理しておきましょう。

さて、ここまで何度も「おおもとの集団」と呼んできましたが、これを通常、「母集団」と呼びます。そして、この母集団からサンプルを取ってきたデータの集まりのことを「標本」と呼びます。

母集団には、それらのデータの「平均、分散、標準偏差」があります。これにそれぞれ「母」をつけて、「母平均」「母分散」「母標準偏差」と呼びます。何の注釈もなしで「平均」「分散」「標準偏差」と書かれている場合、それは「母集団での平均、分散、標準偏差」を指します。

そして、標本のほうもアタマに「標本」と名前を付け、「標本平均」「標本分散」「不偏分散」「標本標準偏差」として、母集団と区別します。

なお、このように、**標本から算出された**「標本平均、標本分散、不偏分散、標本標準偏差」のことを「統計量」と呼んでいます。「統計量」という言葉はよく使われますが、母集団の値のことを統計量と呼ぶことはありません。ここまでが用語の使い分けです。

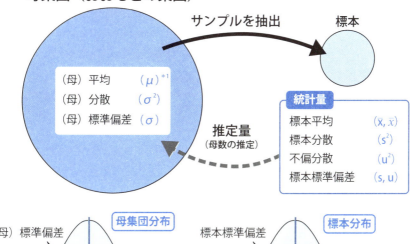

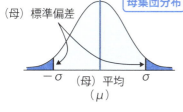
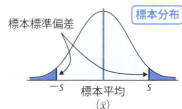

センパイ、ヘンな用語を発見しました！「不偏分散」という怪しげな言葉です。
母集団のほうには「母」を付けて「母平均、母分散」というのはわかりやすいですよね。
標本のほうも「標本平均」「標本分散」まではいいんですけど、「不偏分散」ってのがありますよ。なぜ、「標本分散」だけではいけないんでしょうか。

いきなり核心に迫った質問だね。不偏分散だけ、計算が少し違うんだ。

---

*1 母集団のほうの母平均の記号には μ（ミュー：mに相当）、母分散には σ^2（シグマ：sに相当）、母標準偏差には σ などのギリシャ文字が使われ、母集団から抽出したサンプルによる標本平均には $\bar{X}$、$\bar{x}$、そして、標本分散には s^2 など英文字（アルファベット）で記述され、区別される。

え？　母分散や標本分散とは、計算方法が違うんですか？　たとえば、母集団から3つのサンプルを取ってきて、そのデータが9、10、11だったら、平均＝10ですね。分散の計算は平均がわかったら、(偏差)²も計算して、その(偏差)²の和を取ってからデータ数の3で割る、ということで次の計算でいいですよね。

$$平均 = \frac{9+10+11}{3} = 10 \quad \leftarrow 平均$$
$$\qquad\qquad\quad\; ③ \leftarrow データ数$$

$$分散 = \frac{(データ①-平均)^2+(データ②-平均)^2+(データ③-平均)^2}{データ数}$$

$$= \frac{(9-10)^2+(10-10)^2+(11-10)^2}{③} = \frac{1+0+1}{3} = \frac{2}{3}$$
$$\qquad\qquad\qquad\qquad\qquad\quad\; データ数 \qquad\qquad 分散$$

 そうだね、これまでであれば正解だけど、「不偏分散」の場合、最後に「データ数」で割らないで、「データ数−1」で割るんだ。それが不偏分散なんだよ。ただし、「標本分散」のほうはふつうの分散（母分散）と同じで、ふつうに「データ数」で割る。この違いだね。各データをx_1、x_2、…、x_nとして（データ数はn個）、平均を$\bar{x}$とすると、

$$標本分散 = \frac{(x_1-\bar{x})^2+(x_2-\bar{x})^2+(x_3-\bar{x})^2+\cdots\cdots+(x_n-\bar{x})^2}{n}$$

$$不偏分散 = \frac{(x_1-\bar{x})^2+(x_2-\bar{x})^2+(x_3-\bar{x})^2+\cdots\cdots+(x_n-\bar{x})^2}{n-1}$$

 サッパリ、意味がわかりません。なぜ不偏分散は「データ数−1」で割るのかしら。

 ボクらの目的は「サンプルの平均、サンプルの分散」を知ることではなく、あくまでも、そのサンプルの平均などから母集団の平均、分散、標準偏差などを推定することにあったよね。
じつは、「標本分散」（データ数nで割る）をもとに母分散を推定

していくと、「少し小さな値」になることがわかっているんだ。でも、「データ数－1」の不偏分散を使って推定すると、母分散に一致する、というわけさ。

不偏分散が母分散と一致することは数学的には証明されているけれど、かなりむずかしい内容なんだ。もし知りたければネットや専門書で調べるといいよ。

ところで、母集団の特徴を推定するための標本データのことを「推定値」と呼んでいるんだ。その意味では、標本平均や不偏分散は推定値になるけど、標本分散は推定値とはいえない。

なるほど、「標本をもとに母集団の特徴を調べる、推理する」となってくると、不偏分散が大きな意味をもってくるのね。
1つ疑問なんですけど、標本標準偏差というのは標本分散から計算したものですか、それとも不偏分散から計算したものですか？

それは使う人、文献によって違うことがあるから*2、どっちの意味でいっているのか、使っている人、場などを「文脈で読む」しかないと思うよ。

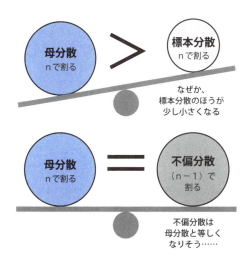

なぜか、標本分散のほうが少し小さくなる

不偏分散は母分散と等しくなりそう……

---

*2 本書では、標本分散から計算された"標準偏差"のことを「標本標準偏差」、不偏分散から計算された"標準偏差"のことを「不偏標準偏差」と使い分けて呼ぶことにする。

「点推定」は当たるも八卦？

「習うより慣れよ」で、さっそく母集団の平均を推定してみましょう。どうすれば、モトの母集団の平均値や分散などをサンプルデータをもとに知ることができるのでしょうか。最初は「点推定」です。

▶ 昼食代の平均額を知りたい！

いま、日本の全ビジネスパーソンが昼食代として使う平均金額を知りたいとします。ビジネスパーソン全員のデータは集めきれませんので、何人かのサンプルで代用しようと考えるでしょう。

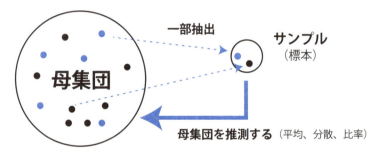

そこで**無作為抽出**[*1]の方法で4人のビジネスマンに昼食代を聞いたところ[*2]、370円、650円、700円、1080円で、平均はちょうど700円でした。

さて、この4人の事例だけから、日本のビジネスパーソン全体の昼食代の平均を推測するにはどうすればよいでしょうか。

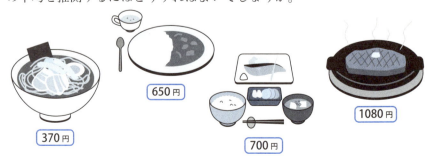

▶ 点推定はホントに「当たるも八卦」か？

　たった4人のデータから「日本のビジネスパーソン全体の姿」を推し量ろうというのですから、乱暴な話です。けれども、データが4つしかなければ、それをもとに考えるしかありません。

　1つの方法は、「4人の平均額は、全体の平均額とピタリ一致する（700円）」と考えてしまうことです。このようなシンプルな推定方法を「**点推定**」と呼んでいます。

　ただ、母集団が正規分布だとわかっているなら点推定にもそれなりの説明がつきますが、母集団の分布がまったくわからないようだと、点推定はかなり厳しい面があります。「習うより慣れよ」とはいっても、これでは少し準備不足だったようです。

　点推定に対し、一定の幅、区間をもって推定する方法があります。そのような推定方法のことを「区間推定」と呼んでいます。区間推定をするためには、「中心極限定理」などの準備をする必要があります。

＊1　無作為抽出はランダムサンプリングとも呼ばれ、偏りのないサンプルを取り出す方法の1つ。人の恣意性を排除し、母集団から確率的にサンプルを選ぶ。
＊2　もちろん4人のような少ないサンプルということはありえないが、ここではあくまでも簡単化するために、きわめて少数のサンプルで代用した。

「平均値の平均」の分布と中心極限定理

点推定のように、「サンプルでの標本平均＝母集団の平均値」となることは、あまり考えられません。では、ほかに方法はないものでしょうか。その解決のカギを握るのが「中心極限定理」です。

▶ 毎回、標本平均は違っている

いま、Aさんがりんご畑からりんごを10個もらってきたとします。さっそく10個の重さを計測し、平均値を出したところ、300gでした。

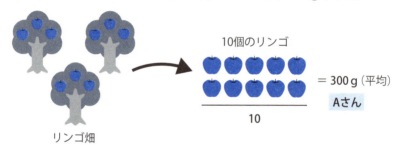

次にBさんが同じく10個をもらってきたら、その平均は300gではなく、320gかもしれません。Cさんの平均は290g、Dさんは……。当然、りんご10個の重さの平均はそのときどきで違っているはずです。

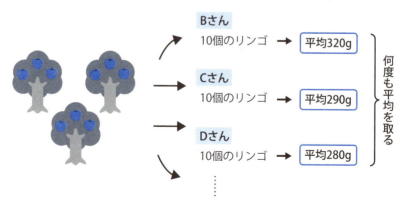

このように何度も何度も、10個ずつの平均値を取ってくると、サンプルが変わるつど、その標本平均も変わります。

　おそらく、その「平均値の分布」は下のようなヒストグラムになって現れると予想できます。これはこれまで見てきたような<u>「個々のデータの分布」ではなく、「平均値の分布」を見たもの</u>だということに注意してください。

　さて、この「10個の平均」の数がさらに増え続け、一定以上の回数になれば、何らかの確率分布に近づいていくと予想できます（実際には正規分布に近づくことが知られています）。

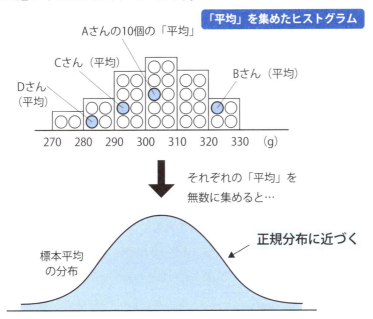

▶ 標本平均の分布

　これはAさん、Bさんなどの「標本平均」を無数に集め、その分布を調べたものになっていますので、**「標本平均の分布」**と呼んでいます。標本平均は本章第2項（P164）で$\overline{X}$[*1]と表わしたので、「標本平均$\overline{X}$の分布」

---

*1 「エックスバー」と読む。

ともいいます。

この標本平均$\overline{X}$の分布で知られているのは、次のことです。

> ①「標本平均$\overline{X}$の分布の平均」は「母集団の平均（μ）」と一致する
>
> ②「標本平均$\overline{X}$の分布の分散」は$\dfrac{\sigma^2}{n}$（標準偏差は$\dfrac{\sigma}{\sqrt{n}}$）になる
>
> （σは母集団の標準偏差）
>
> ③母集団がどういう分布でも、サンプル数nが大きくなるにつれ「標本平均$\overline{X}$の分布」は正規分布に近づく

これを**中心極限定理**といい、推測統計学の中でも非常に役立つ定理です。①、②、③から、標本平均の分布は次のような青で示したグラフになります。

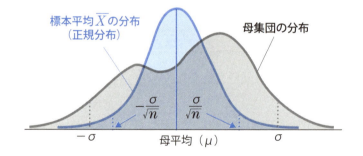

①で2つの分布の平均は一致し、②で標準偏差（分散）が異なるため、2つのグラフの形は異なります。③から、たとえ母集団がいびつな形の分布をしていても「標本平均$\overline{X}$の分布」は正規分布です。

また、②から、たとえ**標本平均$\overline{X}$の分布の標準偏差が不明でも、母集団の標準偏差がわかっていれば$\dfrac{\sigma}{\sqrt{n}}$で代用できる**ことがわかります。

区間で示す「区間推定」

母集団の平均などを「○円～○円の間にある」のように区間で示す「区間推定」とは、どのような考えなのでしょうか。「区間推定」で母平均を求める方法を見てみましょう。

▶ 中心極限定理の変形バージョンを使おう

点推定では、「700円」のように1点で決め打ちしましたが、「95％の確率で550円～900円」のような形で、一定の確率と区間で推定する方法が「**区間推定**」です。平均値の区間推定では、基本的なアイデアは前項の「中心極限定理」の考えを利用します。

ただし、中心極限定理の場合、③の「母集団がどういう分布でも……」とありましたが、もしこの母集団が正規分布だとわかっていれば、「サンプルnの数によらない（つまり、小さいサンプル数でもよい）」という、さらに便利な性質があります。ここではそれを使うことにしましょう。

さて、先ほどと同じく4人の例で説明を続け、さらに上記の性質（母集団が正規分布）を使い、①の母集団の平均（ビジネスマンの昼食代の平均額）を求めてみます。

▶ 昼食代の標本分布を描く

ところで、これまで正規分布といえば、2シグマ（2標準偏差）、3シグマ（3標準偏差）のようにシグマで考えることを優先していました。けれども、「2シグマ＝95.45％」のように、シグマのほうを整数で扱っていると、％のほうは端数になって使いにくい面があります。

そこで、「95％、99％の確率」のほうを採用することが多くなります（ビジネスではとくに）。

    95％ → 1.96シグマ 99％ → 2.58シグマ

ここで、前項の①より、昼食代に関して、「標本平均の分布」の平

均（まん中の青ライン）は母平均と一致し、②より標本の標準偏差は $\frac{\sigma}{\sqrt{n}}$ で代用できるため、次のようなグラフとなります。

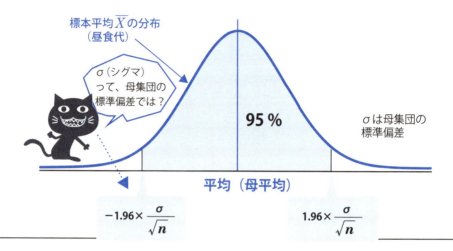

　ここで、上のクロネコ君が気づいたように、まだ「母集団の標準偏差」がわかっていませんので、イレギュラーですが、**母集団の標準偏差は400円とわかっている**ことにします。このグラフから、今回の4人の昼食代平均（700円）が95％の確率でこの区間に入っているとすると、上のグラフから次のように求められます。

$$母平均 - 1.96 \times \frac{標準偏差}{\sqrt{データ数}} \leq 標本平均 \leq 母平均 + 1.96 \times \frac{標準偏差}{\sqrt{データ数}}$$

（信頼度は95％のとき1.96、99％のとき2.58を代入）

　上の式から求めたいのは「母平均」（青文字）です。そこで、

●●● ≦ 母平均 ≦ ●●●

の形にするため、上記の式を次の(1)、(2)のように分けてみます。

$$\begin{cases} 母平均 - 1.96 \times \dfrac{標準偏差}{\sqrt{データ数}} \leq 標本平均 \cdots\cdots(1) \\ 標本平均 \leq 母平均 + 1.96 \times \dfrac{標準偏差}{\sqrt{データ数}} \cdots\cdots(2) \end{cases}$$

(1)、(2)はそれぞれ移項することで

$$\begin{cases} 母平均 \leq 標本平均 + 1.96 \times \dfrac{標準偏差}{\sqrt{データ数}} \cdots\cdots(3) \\ 母平均 \geq 標本平均 - 1.96 \times \dfrac{標準偏差}{\sqrt{データ数}} \cdots\cdots(4) \end{cases}$$

(3)、(4)から次の式が得られます。

$$標本平均 - 1.96 \times \dfrac{標準偏差}{\sqrt{データ数}} \leq 母平均 \leq 標本平均 + 1.96 \times \dfrac{標準偏差}{\sqrt{データ数}}$$

ここで標本平均＝700円、標準偏差（母標準偏差）＝400円、データ数＝4（人）を入れて計算すると、

$$700 - 1.96 \times \dfrac{400}{\sqrt{4}} \leq 母平均 \leq 700 + 1.96 \times \dfrac{400}{\sqrt{4}}$$

複雑になるので分けて計算してみます。

$$母平均 \geq 700 - 1.96 \times \dfrac{400}{\sqrt{4}} = 700 - 1.96 \times 200 = 700 - 392 = 308 円$$

$$母平均 \leq 700 + 1.96 \times \dfrac{400}{\sqrt{4}} = 700 + 1.96 \times 200 = 700 + 392 = 1092 円$$

$$308 円 \leq 母平均 \leq 1092 円$$

こうして、「日本のビジネスパーソン（母集団）の昼食代の平均値は、「95％の確率で、308円～1092円のなかにあるだろう」ということができます。

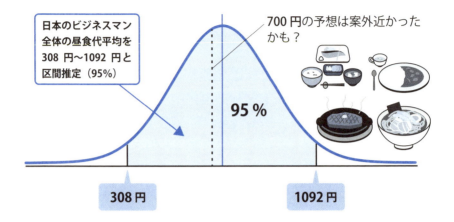

　ここで使った条件は、「母集団は正規分布」であり、「母集団の標準偏差も事前にわかっている」という2点です。

6 サンプル数が多いと、どう変わる？

前項では4人の昼食代データだけで考えました。これを40人、400人に増やしていくと、その区間推定はどのように変化をしていくでしょうか。

🧑 母集団が正規分布だとわかっていて、さらに母集団の標準偏差もわかっているときは、先ほどの式を使って「母平均の区間推定」ができる、ということだったね。もう1回、この式を書いておくよ。1.96は95％の確率で「○円〜○円」というときの数値だよ。

$$標本平均 - 1.96 \times \frac{標準偏差}{\sqrt{データ数}} \leq 母平均 \leq 標本平均 + 1.96 \times \frac{標準偏差}{\sqrt{データ数}}$$

👩 区間推定では役に立ってくれたけれど、とても覚えにくい式ですね。覚え方はあるんですか？

🧑 式は覚えなくても、グラフの95％の範囲だからグラフを思い出せばいいよ。この σ（シグマ）を $\sqrt{データ数}$ で割るだけだね。

👩 そうか、式を覚えなくても、このグラフを考えるとわかるわね。

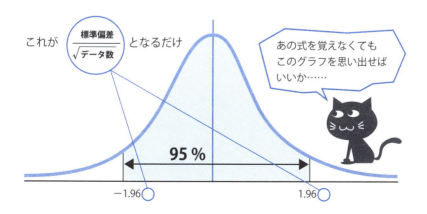

〈例題〉日本のビジネスパーソン全体の昼食代の平均を推定したい。4人、40人、400人にそれぞれ聞いたところ、平均は同じ700円で、母集団（正規分布とする）の標準偏差もこれまで通り、400円と変わらない。日本人全体の昼食の平均額を95％の確率で区間推定したとき、4人、40人、400人ではどう変わりますか。

変わったのはサンプル数だけで、それ以外は何も変わりませんね。Excelで計算してみると、次のようになりました。

	A	B	C	D	E	F	G	H	I	J	K
1	■95%信頼区間のとき										
2	4人のとき		区間		40人のとき		区間		400人のとき		区間
3	標本平均	700	308		標本平均	700	576		標本平均	700	661
4	（母）標準偏差	400	〜		（母）標準偏差	400	〜		（母）標準偏差	400	〜
5	データ数	4	1092		データ数	40	824		データ数	400	739

見にくいので、Excelから抜き出してまとめると、
・4人のとき………308円〜1092円（参考）
・40人のとき……576円〜824円
・400人のとき……661円〜739円

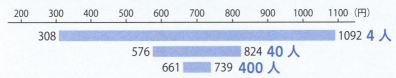

やっぱりサンプル数を増やすと、区間も絞れてくるということだね。式を見ると、

$$1.96 \times \frac{標準偏差}{\sqrt{データ数}} \quad \leftarrow 分母が大きくなる＝0に近づく$$

標本平均 $-0 \leq$ 母平均 $\leq$ 標本平均 $+0$ ➡ 母平均 ≒ 標本平均

サンプル数が増えれば増えるほど、分数の部分は0に近づく。つまり、「標本平均≒母平均」ということだね。

そうか、サンプル数が増えれば母平均に近づいていくだろうというのは感覚的にわかるけど、式を見ても、そのことがわかるのね。

7 99％の信頼度のときの区間推定

95％の確率で「おおもとの母集団の平均値は、この範囲内にある」と推測できましたので、これを99％に上げてみましょう。

 ついでに、99％の計算もしておきましょうよ。少しずつ違ったパターンで経験すると、経験が自信につながってくるから。

 そうだね。95％から99％に区間推定の確率を引き上げるには、式の中の1.96倍（95％のとき）を2.58倍（99％のとき）に変更すればいいだけだったね。グラフを見て確認してね。

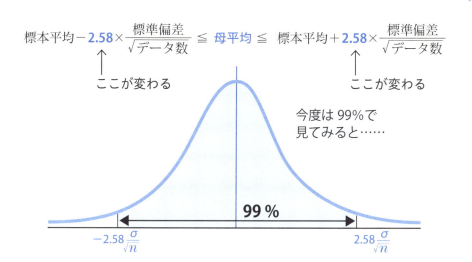

〈例題〉日本のビジネスパーソン全体の昼食代の平均を推定したい。4人、40人、400人の3パターンで聞いたとき、平均は同じ700円で、母集団（正規分布とする）の標準偏差も400円で同じとします。99％の確率で区間推定してください。

条件はこれまでとすべて同じで、95％の確率を99％に変更しただけです。計算式は、

$$標本平均 - 2.58 \times \frac{標準偏差}{\sqrt{データ数}} \leqq 母平均 \leqq 標本平均 + 2.58 \times \frac{標準偏差}{\sqrt{データ数}}$$

となります。ここで、代入するのは以下の値です。
・標本平均＝700円
・母集団の標準偏差＝400円
・データ数（サンプル数）＝4人、40人、400人の3パターン

計算はExcelに任せます。すると、次のように計算してくれました。

	A	B	C	D	E	F	G	H	I	J	K
1	■99%信頼区間のとき										
2	4人のとき		区　間		40人のとき		区間		400人のとき		区間
3	標本平均	700	184		標本平均	700	537		標本平均	700	648
4	（母）標準偏差	400	～		（母）標準偏差	400	～		（母）標準偏差	400	～
5	データ数	4	1216		データ数	40	863		データ数	400	752

前項の95％の場合と比較してみると、次のようになります。

――――――――――――――――――――――――――――――
　　　　　　　　　（95％の確率）　　→　　（99％の確率）
――――――――――――――――――――――――――――――
　　4人のとき ………308円～1092円　→　184円～1216円
　　40人のとき ……576円～824円　→　537円～863円
　　400人のとき……661円～739円　→　648円～752円
――――――――――――――――――――――――――――――

サンプル数が4人、40人、400人と増えれば同じ95％、99％の確率でも区間が狭くなる（絞れる）、逆に、確率を95％から99％のように高めようとすると区間が広がるということです。

このような95％や99％の確率のことを、すでに述べた通り、「**信頼度**」といい、そのときの区間を「**信頼区間**」とも呼びます（次ページの上図を参照）。

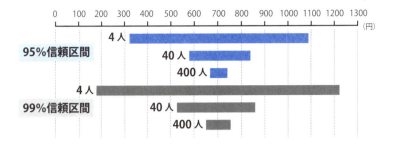

　下の図を見てください。今回は4人のデータ（370円、650円、700円、1080円）を取りましたが、再度、別の4人のデータ（たとえば430円、600円、860円、920円）、さらに3度目の4人（520円、770円、810円、1020円）のように何度も取っていけば、それぞれの95％（あるいは99％）の信頼区間を計算できます。

　すると、たくさんのサンプル平均を取っていくと、区間推定による多数の信頼区間のうち、95％ほどのものはその中に「母集団の平均（μ）を含んでいる」と考えられますが、5％ほどのものは「母集団の平均」を外すものも現れてくる、と予想できます。

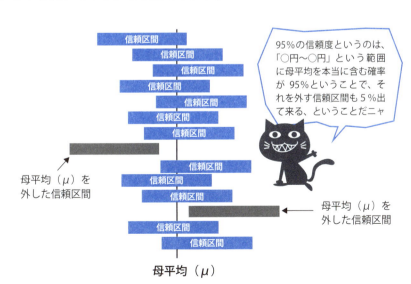

8 t分布、χ^2分布へ

正規分布以外にも、推定で使われる分布があります。それが t 分布、χ^2 分布です。これはどのような場合に使われるか、かんたんに見ておきましょう。

前項までで、サンプルデータの平均から母集団の平均値を推定する方法を見てきました。サンプル数が小さくても、母集団が正規分布であり、その標準偏差（母標準偏差）がわかっていれば、「標本平均の分布」をもとに、「95％の確率で、○〜○までの範囲にある」という区間推定がいえるようになりました（5％の外れる可能性があります）。

▶ t 分布の登場

しかし、そこには「標準偏差（母標準偏差）がわかっている」という大前提がありました。考えてみると、「母平均がわからないのに、どうして母標準偏差がわかるのか？」は不思議な話です。本来なら、母平均がわかったあとに、その母平均から母分散、そして母標準偏差が計算されるからです。

では、母標準偏差がわからないとき（それがふつう）はどうするか。このときは、「母集団が正規分布」とわかっていれば、「t 分布」という、正規分布によく似た分布を利用できます。t 分布は下のような分布を示し、

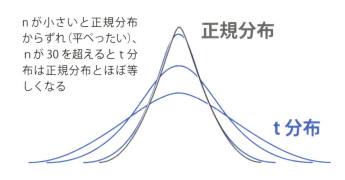

n が小さいと正規分布からずれ（平べったい）、n が 30 を超えると t 分布は正規分布とほぼ等しくなる

データ数でいうと30までの場合は正規分布に比べて少し形が平べったくなり、30を超えるデータ数になると、ほとんど正規分布と同じになります。

t 分布については本書では扱いませんが、これまでのようには母標準偏差がわからなくても、またサンプル数が比較的少なくても、母集団が正規分布に従うようなときは、その母平均を推定する場合（信頼区間）、t 分布が推定に使われます。手順はこれまでとほぼ同じです。

▶ χ^2 分布を「母分散の推定」に使う

ここまでは「母平均を推定する」ことばかりを考えてきましたが、推定するのは母平均ばかりとは限りません。他にも、母分散を推定する際に使われるのが χ^2 分布（かい・じじょう）と呼ばれるものです。

正規分布や t 分布は左右対称の分布を描きますが、χ^2 分布はべき分布に似た形状を描きます。

いずれにせよ、本書では t 分布、χ^2 分布などまでは立ち入りませんが、大筋の流れはこれまでと同様です。

では、次に母比率としての「視聴率」について具体的に見ていくことにします。

9 視聴率はどう推定しているのか？

> サンプルから母平均を推定する方法については、おおよその手順がわかったと思いますので、次に母比率にチャレンジしてみます。具体的なテーマとして、視聴率を考えてみましょう。

　テレビ業界では視聴率戦争が激しく、1％の視聴率の違いで泣き笑いが生まれる、といわれています。日本の総世帯数（5100万世帯）から考えると、1％の違いで51万世帯の差につながりますから、テレビのスポンサーにとっては大きなことでしょう。

　ただ、その視聴率は首都圏（1800万世帯）でも900世帯をモトにした推定値にすぎません。1800万世帯のうち900世帯——このとき、視聴率はどのくらいの精度（誤差）をもっているのでしょうか。この視聴率を考えていくと、アンケートの回答数で必要な数も見えてきます。

▶ 調査による視聴率10％のときの誤差は？

　視聴率は、次の式で求めることができます（95％の区間推定）。ここで p は調査による視聴率、n は抽出世帯数（件数）です。

$$p - 1.96 \times \sqrt{\frac{p(1-p)}{n}} \leq \text{視聴率} \leq p + 1.96 \times \sqrt{\frac{p(1-p)}{n}} \quad *1$$

また、視聴率の誤差（標本誤差）は上記の式の p を除いた部分です。

$$-1.96 \times \sqrt{\frac{p(1-p)}{n}} \leq \text{標本誤差} \leq +1.96 \times \sqrt{\frac{p(1-p)}{n}}$$

いま、調査した世帯数が900世帯（首都圏など）とすると、$n=900$ で

---

*1　この式のルートの部分は、本来、以下の形をしている。

$$\sqrt{\frac{N-n}{N-1} \times \frac{p(1-p)}{n}} \quad \text{（Nは母集団の数、nは抽出したサンプル数）}$$

母集団が100,000、サンプル数が100のような場合、左の分数部分■は1に近くなるため、通常は左の■を無視し、右側の分数部分だけを利用している。

す。調査による視聴率が10％、15％、20％のとき、この式に代入してExcelで計算したのが次のものです。

	A	B	C	D	E	F
1	■視聴率の計算					
2	900世帯の場合		調査視聴率	区	間 推	定
3	n=	900				
4	p=	0.1	10%	8.04	〜	11.96
5	p=	0.15	15%	12.67	〜	17.33
6	p=	0.2	20%	17.39	〜	22.61
7						
8	600世帯の場合		調査視聴率	区	間 推	定
9	n=	600				
10	p=	0.1	10%	7.60	〜	12.40
11	p=	0.15	15%	12.14	〜	17.86
12	p=	0.2	20%	17.39	〜	22.61

　こうしてみると、900世帯の場合、調査による視聴率が10％であれば、信頼度95％の実視聴率（母集団）の信頼区間は8.04〜11.96％になります。調査視聴率の10％から見て±2ポイント弱とわかります。

　なお、2016年10月までは関東地区は600世帯が調査対象でしたので[*2]、そのケースとも比較してみました。同じく調査による視聴率が10％であれば、信頼度95％の信頼区間は7.60〜12.4％だったので、0.4ポイントほどの改善が見られます。

▶13％と15％では、逆転している可能性も？

　さて、900世帯の視聴率のケースで見ると、Aテレビの番組Xが15％の視聴率、Bテレビのウラ番組Yが13％のときには、信頼区間を含めて考えると、現実的には逆転しているかも知れません。

　15％と13％とを計算してみると、95％の確率で視聴率は次の図の範囲にあることがわかります。こうして見ると重なりの部分は意外に大きく、調査視聴率が2ポイントの違い（15％－13％）であっても、実際には「誤

[*2] ビデオリサーチ社の場合

差の範囲」であることが図で読み取れます。

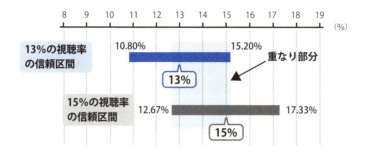

▶ 誤差は何で決まるか？

ところで、調査視聴率の中に出てくる式を見ていると、

$$\sqrt{\frac{\bullet\bullet\bullet}{n}}$$

という部分があります。nは調査世帯数のことでしたから、nが900ではなく、100倍の9万世帯になると、この$\sqrt{\ }$の部分を外に出すと10倍になります。たとえば、9万世帯を対象にしている場合、調査視聴率が10%のときには信頼区間は「9.80%～10.20%」へと、一気に誤差が縮まります。こうなると、ほとんど誤差なしといってよい数字です。

	A	B	C	D	E	F
1	■視聴率の計算					
2	90000世帯の場合		調査視聴率	区 間 推 定		
3	n=	90000				
4	p=	0.1	10%	9.80	～	10.20
5	p=	0.15	15%	14.77	～	15.23
6	p=	0.2	20%	19.74	～	20.26

アンケート回答数はいくつあればよいか？

アンケートを取る立場になると、いちばんの気がかりは「どのくらいの回答数のとき、どのていどの信頼度となるのか」ということです。これを知るには視聴率の「標本誤差」を利用します。

▶ 比率か、実数か？

まずは視聴率の問題から入ってみましょう。

〈例題〉いま、X国には1000万世帯あり、1000世帯で視聴率を調べている。Y国では6000万世帯があり、1200世帯の視聴率を調べている。どちらのほうが誤差が小さいと考えられるだろうか？

（解答）X国では1000万世帯に対して1000世帯（1万世帯に1世帯）、Y国では6000万世帯に対して1200世帯（5万世帯に1世帯）ですから、感覚的には、X国のほうが誤差が小さくなりそうです。

ところが、計算してみると、Y国のほうが誤差が小さくなります。それはなぜでしょうか。

視聴率の話ですので、ここでも前項の式（184ページの標本誤差）を見てください。この式を見ると、調査した世帯数（n）とその視聴率（p）だけで変化しています。

$$-1.96 \times \sqrt{\frac{p(1-p)}{n}} \leq 標本誤差 \leq +1.96 \times \sqrt{\frac{p(1-p)}{n}}$$

つまり、ニュージーランドのように133万世帯であろうが、日本のように5100万世帯、中国の2億7700万世帯であろうが、その国の総世帯数には関係なく、誤差は「調査した世帯数」のサイズで決まる、ということなのです。

▶ 回答率ではなく、回答数で決まる

　このことは視聴率に限りません。アンケートの回収も同じです。対象となる母集団との比率はほとんど関係ない、ということです。

　プロローグでも述べたように、日本には約400万社の法人がありますが、400社から回答があれば、その母集団が400万社であるか、30万社であるかにはほとんど関係ありません。アンケートの中の設問の選択肢で15％を得たものは（調査視聴率15％に対応する）、その誤差は400社（調査視聴率の900世帯に対応）に依存し、選択肢のなかで10％の支持を得たものは、その誤差は±3ポイント弱、800社の場合には±2ポイント程度です（下表）。

	A	B	C	D	E	F
1	■アンケートの誤差の計算					
2	400の回答の場合		視聴率	区	間 推	定
3	n=	400				
4	p=	0.1	10%	7.06	～	12.94
5	p=	0.15	15%	11.50	～	18.50
6	p=	0.2	20%	16.08	～	23.92
7						
8	800の回答の場合		視聴率	区	間 推	定
9	n=	800				
10	p=	0.1	10%	7.92	～	12.08
11	p=	0.15	15%	12.53	～	17.47
12	p=	0.2	20%	17.23	～	22.77

　数式は見るのもめんどうというところもありますが、興味をもって眺めていると、このように思わぬ点に気づくこともあります。

　かつて、筆者は毎月のようにデータ誌（月刊誌）でアンケート調査をし、だいたい350〜800社くらいの回答がありました。当時は、「このくらいの回答数で分析などして大きな誤差は出ないものだろうか？」と思っていた時期もありました。どの程度あれば、どの程度の信ぴょう性をもつのかがわからなかったためです。もしその頃、この知識があれば、そんな不安を感ずることなく、もっと自信をもって傾向を分析できていたかもしれません。

統計学ゼミナール

スチューデントのt分布

　「t分布」はイギリスのウィリアム・シーリー・ゴセット（1876〜1937）によって1908年に発表されています。

　当時、**ゴセット**はギネスビール社（「ギネスブック」でも知られるギネス社）に勤務しており、同社では秘密保持のため、社員の論文公表を禁じていました。このためゴセットは「スチューデント」というペンネームで論文を投稿していましたが、その論文の重要性を見抜いたのがイギリスの統計家R・A・フィッシャーで、彼によって「**スチューデントのt分布**」と名付けられたのです。

ゴセット

　統計をする際、全データを集めるのが最善かもしれませんが、それは現実的ではありません。すると、次善の策として、できるだけ多くのサンプル（標本）を集めようとします。というのは、「サンプルデータは多ければ多いほど、モトの全データ（母集団）に近づくだろう」と予想するからです。20データより500データ、500データよりも2万データのほうが信頼性も上がることでしょう。

　19世紀末、イギリスの統計学者カール・ピアソン（1857〜1936）も、「**サンプルデータを大量に集めることが分析に不可欠**」と考えていました。

　しかし、ピアソンの研究室に顔を出していたゴセット（ギネスビール社に在籍しつつ）は少し違う考えをもっていました。彼にとっては、「**少ないサンプルから科学的な推測をすること**」に関心があったのです。

　そこで考え出したのが「t分布」です。t分布は次ページの図のように、正規分布に近い曲線をしていますが、微妙に違います。そこでサンプル数が少ないときには正規分布の代わりにt分布を活用し、サンプル数が一定程度まで多くなればt分布でも正規分布でも実用上、あまり差がないとい

う、小データにも使える確率分布曲線だったのです。

2つのグラフを見比べると、おおよそ30データぐらいで正規分布とt分布とはほぼ等しくなり、その後、サンプル数が多くなればなるほど一致し始めます。

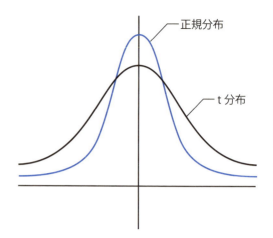

しかし、すでに述べたように、ゴセットが考える「少ないサンプルでも、できるだけ正確な推測のできる方法」に対し、当時のピアソンは「できるだけ多くのデータを集めることこそ重要」という考えだったため、2人の方向は一致せず、ピアソンにはゴセットの考えや論文が評価されなかったようです。

逆に、ゴセットの論文（スチューデント名）の優秀さに目を止めたのが、ピアソンの仇敵フィッシャーだったのが皮肉なところです。

最後に、フィッシャーの言葉をそのまま紹介しておきましょう。

「この検定（注："Student"のt検定のこと）のさらに種々な応用に関する詳しい説明と,その検定に用いる表とは,Statistical Methods for Research Workersに示されている.その創始者は,"Student"という偽名のもとに匿名でそれを発表したのであるが,専門の数学者でなくて1人の科学の研究者であったにもかかわらず,若くして古典的誤差論に対するこの革命的な精密化をなしとげたことは,彼の非常な卓抜さを示している」

（森北出版『実験計画法』より：「注」は筆者）

6章
仮説を立てて、正しいかどうかを確率で判断する!

推測統計の2つめの柱が「仮説検定」です。考え方・論理が独特で、わかりにくい面がありますので、この章では計算はほとんどなしで、その理屈、考え方を中心に進めていきます。
仮説検定の考え方を身につけることや、検定モレによる過誤がトレードオフであることなど、日常の行動にも役立ちそうな考え方が多く含まれているように思います。

紅茶婦人から仮説検定が始まった？

プロローグで紹介した「ミルクティーの味を見分ける」という話（P23）の続きをします。「紅茶を先に入れたあとにミルクを注いだ」か、「ミルクを入れたあとに紅茶を注いだか」を見分けられる——という婦人の話でした。

▶ 紅茶が先か、ミルクが先か——原典には何と書かれていたか

統計学では、この紅茶婦人のエピソードはよく知られています。それとともに、統計学の「**仮説検定**」を考えるうえでの好例という意味では、あらためて紅茶婦人のエピソードを見ておくのがよいと思います。

ところで、「この婦人には、味の違いがわかる能力があるかどうか」が重要にも見えますが、本来はそこにポイントがあるわけではありません。もちろん、「どちらのミルクティーのほうが美味しいか」といったことは個人の好みの問題です。

問題にしているのは、「**この婦人が言っていることがホントかウソか、それを客観的に見分けるにはどうすればよいか。その方法を考える**」という点です（その意味では、結果的に味の見分けになるのかもしれません）。

重要なことは、常に原典にあたってみましょう。そこには以下のように書かれています。

> 「ある婦人が、ミルク入りの紅茶を味わえば、ミルクと紅茶の液のうちどちらを先に茶わんに注いだかを識別することができると主張する．我々はこの主張を試験できる実験を計画する問題を考えることにしよう．このために、実験の限界と特性とを研究する目的で、最初に簡単な形式の実験を想定することにする．これらの限界や特性の中には、実験を適切に行なったときに、実験方法に対して本質的になるものもあるし、本質的ではなくて補助的なものもある．」
>
> （『実験計画法』R・A・フィッシャー、森北出版）[*1]

> II
>
> THE PRINCIPLES OF EXPERIMENTATION, ILLUSTRATED BY A PSYCHO-PHYSICAL EXPERIMENT
>
> **5. Statement of Experiment**
>
> A LADY declares that by tasting a cup of tea made with milk she can discriminate whether the milk or the tea infusion was first added to the cup. We will consider the problem of designing an experiment by means of which this assertion can be tested. For this purpose let us first lay down a simple form of experiment with a view to studying its limitations and its characteristics, both those which appear to be essential to the experimental method, when well developed, and those which are not essential but auxiliary.
>
> Our experiment consists in mixing eight cups of tea, four in one way and four in the other, and presenting them to the subject for judgment in a random order.

▶第1幕——連続して当て続けられるか？

では、方法をいくつか考えてみましょう。最初の2つは筆者の常識的な案です。3つめは、フィッシャー自身がどのようにアプローチしたかを紹介することにします。

初めに考えつくのは、「これは紅茶を先に入れたもの。これはミルクを先に入れたもの」と、**この婦人が何杯連続して当てられるか**、ということで判定する方法です。

アテズッポウで答えても正答率が1/2（50％）あります。だから、紅茶の1杯や2杯（1/4）を言い当てられたとしても、それではとても判定できません。さすがに3杯連続して言い当てると、

$$1/2 \times 1/2 \times 1/2 = 1/8 \ (12.5\%)$$

となりますが、まだ10％以上の可能性（まぐれ当たり）をもっています。しかし、4杯連続で6.25％、5杯連続で3％ちょっと。5％以下です。

---

*1 現在、この書籍は「在庫切れ」となっているので、必要であればアマゾンで中古本を探すか、あるいは森北出版から発行されているPOD版（Print On Demand）を出版社、あるいはネット経由で購入するかとなる。POD版とは受注生産のことで、ひと言でいうと、原本をコピーし、製本したもの。なお、ネットから「The Design of Experiments」で検索すれば、英語原本の一部をPDFで無料入手できる。紅茶婦人の話も上図のように収められている。

4杯連続 … 1/2×1/2×1/2×1/2＝1/16（6.25％）
5杯連続 … 1/2×1/2×1/2×1/2×1/2＝1/32（3.125％）

この辺りまでくれば「デタラメをいっているとしたら、5％以下になるのはきわめてマレで、珍しい話。本当に味を見分けているのでは？」と婦人の話にナットクする人も出てきそうです。

ふつうの感覚でいうと、「紅茶を先に入れたか、ミルクを先に入れたか」で紅茶の味を見分けてしまうという主張は、にわかには信じがたい話ですが、もし信じるに足るだけのものを婦人に感じれば、「見分ける説」に傾いてもおかしくはありません。

その場合には、いったん、逆の設定をしておきます。つまり、「婦人はウソをついていて、見分けられない」と仮定しておくのです。それにもかかわらず、何杯もたて続けに当てたとすれば、それは「婦人は見分けられない」という仮説そのものが間違っていたのではないか、つまり「ホントは婦人は見分けられる」と、結びつく論理です。

なお、ここでどの程度の確率の場合を「マレ」「珍しいこと」とするか、その設定には「科学的なガイドライン」はとくにありません。それは人間の感覚や業界事情に依存します。もしそれが「5％以下」ということであれば、紅茶婦人の例では、「まぐれ当たり」の可能性が5％以下になる「5杯連続(3.125％)」で言い当てたとき、認められるということになります。

これは考えてみると、表・裏の出る確率が1/2のコインを投げて（偶然に左右される）、「こんなに表ばかり出るコインは、インチキコインだ」というのと同じ理屈です。

▶第2幕──10回で9回以上当てられるなら？

「連続して当てる」という方法以外に、実力を測る方法はないでしょうか。そもそも、弘法も筆の誤りというように、ホントは味を見分ける能力があるのに、たまたま風邪を引いてしまって感覚が鈍り、1度くらいであれば、人間ですからつい間違ってしまうこともあります。

ですから、「1回でも失敗すればダメ」という方式よりも、10回の味見のなかで「X回以上当てればホンモノだ」と認定する方法はどうでしょうか。これなら「5回連続、まぐれ当たり」をした人以上に、実力を判定できそうに思えます。たとえば10杯の紅茶を出し、婦人が見分ける回数（0回〜10回）を数え、その確率で判定する、という方法です。

これもコインを投げるのと同じです。10回投げて1回も表が出ない（0回）確率は0.10%[*2]、1回出るのが0.98%、2回出るのが4.39%……です。先ほどの「5杯連続」に相当する「5％以下」で見ると、8〜10回で5.47%であり、5％をわずかに超えています。よって、この方式で見ると、10回のうち、9回以上当てないと「5％以内」の珍しいことに相

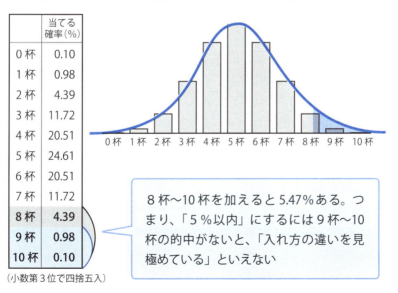

8杯〜10杯を加えると5.47%ある。つまり、「5％以内」にするには9杯〜10杯の的中がないと、「入れ方の違いを見極めている」といえない

（小数第3位で四捨五入）

---

*2 正確には、0回の場合で0.09765625%、1回の場合は0.9765625%などになる。

当せず、かなりのハードルです（9回以上で、1.98％）。

結局、婦人は出された紅茶10杯に対し、9杯以上の正答を出さないと「どちらを先に入れたかがわかる」、つまりホントのことを言っていると認められないことになります。この方法は、もし婦人がデタラメに判別しているだけとすると、かなり神がかり的な「まぐれ」を要するようです。

▶ 後から「ライン」を示してはいけない

なお、線引ラインは「たくさん当てたらヨシとする」のように曖昧な決め方をしておくと、人によって受け止め方が異なりますので、避けるべきです。

なぜなら、実験が終わってから相手に「10回中、6回当たったのだから、半分以上なので『たくさん当てた』と認めてほしい」といわれかねないからです。ですから、最初にどの程度の確率を「正否の確率ライン」とするかを「数値」で決めておく必要があります。

統計学では「5％以内」を1つの線引ラインとしていますが、医学、薬学など、厳密性を重んじなければならない業界や業務では、その仕事にあわせて比率が異なってもかまいません。あくまでも、人間の決めたラインにすぎず、絶対のものではないからです。

また、10回中10回当てたとしても、本当に「味の区別がついている（見分けられている）」かどうかは、「神のみぞ知る」ことです。（本章、5項を参照）

フィッシャー自身、「どう選んでも,偶然の一致によって起こりうる効果をすべて除去することはできない」とし、「"100万回のうちに1回"という事象は,それが我々の眼前に（アンダーラインは原訳のママ）起こることがどんなに驚くべきものであるとしても,その事象は,その固有の頻度より少なくも多くもない頻度をもって確かに起こるからである」（『実験計画法』より）と述べています。

▶ 第3幕——フィッシャーの方法はどうだったか？

最後に、この問題を提起したフィッシャー自身の方法はどんなものだっ

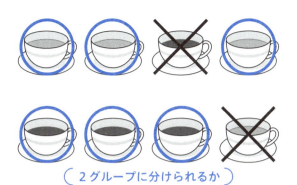
（2グループに分けられるか）

たのか。それは紅茶を先に入れたものを4杯、ミルクを先に入れたものを4杯の合計8杯を用意し、それを無作為（デタラメの順）に婦人に提供する。婦人には、8杯の紅茶を味わってもらうこと、そのうち4杯は紅茶を先に入れたもので、残り4杯はミルクを先に入れたものであることを事前に説明し、8杯の紅茶の茶わんを、その入れ方に従って2種類に分ける——ということでした。

8杯の紅茶から4杯を選ぶわけですが、その選び方は、最初は8通り、次に7通り、6通り、5通りとなるので、

$8 \times 7 \times 6 \times 5 = 1680$通り

あります。ただし、その4杯の並べる順は関係ないので（4杯の並べ方は$4 \times 3 \times 2 \times 1 = 24$通り）、それを省くと、

$1680 \div 24 = 70$通り

この70通りの中から、みごとに1通りをドンピシャで選べばよいと考えたようです（この場合、1.4％に相当）。その婦人が選べたかどうかは触れられていません。

では、次項で仮説検定の流れ、独特の論理を見てみましょう。

2 仮説検定とはどういうものか？

ある仮説を立てて、その仮説が正しいとすると、「確率的にはほとんど起こりえないようなことが起きた！」ということからその仮説を否定し、反対の仮説を採用する──これが仮説検定の大きな考え方です。

▶ 最初の仮説を否定する

「仮説検定は統計学のなかでもイチバンむずかしい」という声を聞きます。おそらく、一種、独特の論理を扱うためで、慣れないとわかりづらいのも確かです。けれども、前項の「紅茶婦人」の話がほぼ、仮説検定の事例といえますので、本来、むずかしい話ではありません。仮説検定の概略をつかんでおきましょう。

「仮説検定」とは「ある仮説Xを立てたとき、その**仮説Xが正しいとすると、確率的に起こりえないような、きわめて珍しいことが起きてしまった。**ということは、仮説Xそのものが間違っていた可能性が高い」ということで、最初の仮説Xを否定し、残る仮説Yを採用するという理屈です。

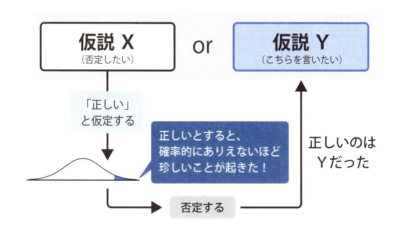

ただ、仮説X、仮説Yといっても抽象的ですので、紅茶婦人のような事例をあげて考えてみましょう。

たとえば、コインの表が出るか、裏が出るかで賭けをしている姿を見かけたとします。コイン投げでは、通常、**表・裏の出る確率は1/2ずつ**と考えてよいでしょう。

ここで胴元が「オレは『裏』に賭け続けよう。オレの勝つ確率は1/2にすぎない。誰か『表』に賭けるものはいないかぁ？　1回100円だ。ヨシ、『表』に賭けて勝った人には3倍の300円を進ぜよう、どうだ、やらないか？」と声をかけます。

いざ、賭けが始まってみると、なぜか裏ばかりが3回連続で出てしまい、胴元の独り勝ちが続いたとすれば、誰もが「怪しい」と思うでしょう。

▶ 「きわめて珍しいことが起きている」のをどうやって示すか？

あなたも「怪しい」と思うけれど、どうやってそれを示せるか。胴元に対して、「これって、インチキなコインじゃないのか？」と正面から聞いてみても、「お客さん、失敬な話じゃないか？　コイン投げの表・裏は1/2の確率だといっても、必ず『表・裏・表・裏……』ときれいに出るものじゃないんだよ。オレみたいに一生コインを投げ続けていればわかるけど、3回くらい裏が出続けるなんて、偶然のうちにも入らないザラなことだよ」と反論されるでしょう。

この胴元の話は間違っていません。でも、インチキコインかどうかは、

また別の話。そこで、方向を変えて攻めます。

まず、あなたは「これはインチキコインだろう」と疑ったわけで、それを検証したいわけです。このとき、その検証したい考え（インチキコインだ！）のことを「**対立仮説**」と呼びます。なぜ「対立」という名前がついているのかは、このあと、すぐにわかります。

次に、あなたの考え（対立仮説）に対して、胴元は「いや、正しいコインだよ」という主張をします。あなたとしてはできれば打ち消したい仮説です。この打ち消したい主張を「**帰無仮説**」といいます。「無に帰す」とは「ダメになる、元の木阿弥」という意味ですから、「最初からダメになることを狙って検証する仮説」ということです。

・主張したい仮説＝対立仮説
・棄却したい仮説＝帰無仮説

この場合、「正しいコイン、インチキコイン」の2択しかありませんから、「インチキコイン」という説は、「正しいコイン（帰無仮説）」の反対なので「対立仮説」と呼ばれるわけです。

帰無仮説、対立仮説という言葉自体、あまり一般的に使われる言葉ではありませんが、このように決してむずかしい内容を指しているわけではありません。

ところで、前ページに書かれた小見出しを見ると、「▶きわめて珍しいことが起きている」とあります。すると、「珍しいこと＝確率的に低いこと」とつながり、「確率（数字）で客観的に示せれば決着する」と気づくことになります。

▶ 有意水準と棄却域、そして危険率

ここで大事なのは、次の点です。

「きわめて珍しい、マレ」のラインを数値（確率）で事前に決めておくこと

「きわめてマレ」というケースを具体的な「数値（確率）」で決めておく

ことです。そうでないと、「顕著な場合は……」とか「レアなケースでは……」のような曖昧な表現になってしまい、どこまでが顕著で、どこから先が顕著ではないのか（通常の範囲）が定かではありません[*1]。前項の紅茶婦人の例でも、8回以上当てると5.47％でした。初めに「5％以下」と決めておいたので「8回」ではなく「9回以上」としましたが、もし数字で定めていなければ、「8回でも5.47％だからいいか」と認められていたかもしれません。

また、利害関係がある場合が多いので、なおさら数値での表示・管理が必要になってきます。

そして、決めた数値（確率）よりも小さいことが起きれば、それはもはや「たまたま」とか「偶然」とはいえず、何かの必然的な「意味が有る（有意だ）はず」——ということで、この線引ライン（確率）のことを「**有意水準**」と呼んでいます。

そして、この有意水準に入れば、「仮説が正しいとすると不自然にマレなことが起きている」として「最初の仮説（帰無仮説）」を却下します。この却下することを、統計学では「**棄却**(ききゃく)」と呼んでいますので、この線引より珍しい方向（きわめてマレな領域）のことを「**棄却域**」といいます。

棄却域（すなわち有意水準）は一般に5％とすることが多く（逆に言うと、95％内に入れば「マレとはいえない」と判断）、ケースによっては1％のこともあります。

しかし、5％にせよ1％にせよ、誤りを犯す危険性がありますので、これを「**危険率**」と呼びます。

統計学は数値による、合理的な判定基準を定めてはいますが、常に5％（あるいは1％）の割合で外れる危険性をもっていることを認識しなければいけません。

[*1] 会社、マンション防災会などで緊急時のマニュアルを作成する際も、「大地震の際は上長が各部署に適切な指示を行ない……」のような曖昧な表現では、緊急時の行動がバラバラになる。また、「震度6以上」と書かれていても「どこが震度6か」「どの発表で震度6か」が抜けていれば統一行動を取りにくい。「本社所在地（千代田区麹町）が気象庁発表で震度6以上と発表された場合、○○に集まること」のように明示する必要がある。

3 片側検定？ 両側検定って？

検定で95％と決めても、どこを棄却域と決めるのかで2種類の設定方法があり、棄却できるか否かの判断がその設定しだいで変わることがあります。

▶ とっても有利な片側検定

センパイ、疑問があるんですけど……。これまでの章では、正規分布曲線があって「95％」という場合には、必ず中央に95％の広い面積（確率）があって、そこから外れるものが両端にあるという認識でした。でも、紅茶婦人のヒストグラムを見ると、右側だけで棄却域とされていますよね。

見つかってしまったか。仮説検定で棄却域を決める場合、正規分布の両側に設定する「両側検定」、片側にだけ設定する「片側検定」の2つがあるんだ。

片側検定というんですか。紅茶婦人の片側検定を見ていると、帰無仮説の棄却という点では、両側検定よりも有利じゃないかな、

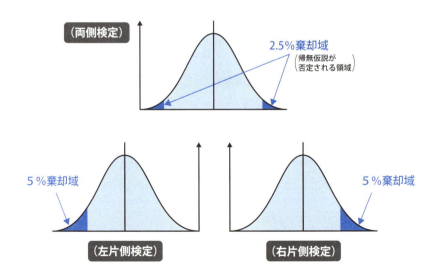

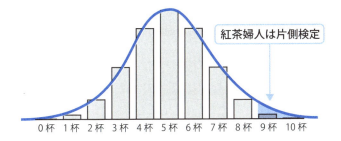

つまり対立仮説が採用されやすいのじゃないかなと感じたんですが、それは勘違いですか？

その通りなんだ、慧眼だね。同じ「5％の棄却域」だといっても、片側検定であれば「5％」の枠の中に入れば帰無仮説を棄却できるけれど、両側検定を使うと2.5％ずつの狭いスペースに入らないと棄却されないんだから、その分だけ不利だね。
仮に帰無仮説の判定で、右から3.5％の位置にあるものの場合、両側検定だと2.5％の枠内に入らないので帰無仮説は棄却されないから、対立仮説も採用されない。だけど、それが5％の片側検定を採用されていたら話は別で、もし3.5％の位置なら帰無仮説は棄却され、結果として望みどおり、対立仮説が採用される。片側検定は、両側検定に比べると、半分の厳しさでいいんだから、結構、重要になってくるね。

それって、ズルいというか、えこひいきというか。統計学の公平性にかかわってきませんか。

もちろん、恣意的に両側検定か、片側検定かを選ぶことはできないよ。どちらを選ぶかは、帰無仮説の立て方、条件によって決まってくるからね。

▶ クスリの例で考えてみると

たとえば新薬を開発するという場合、2種類のケースが考えられるんだ。
1つは、従来のクスリよりも効果が高いというケースだね。この

場合、「新薬Xのほうが従来のクスリYよりも効き目が良い」という「優越性」だけを説明できればいいので、片側（右側）だけを検定すればいい。

そうか、紅茶婦人の場合も「全部外れる」なんてことは検定する必要もないわけですよね。

紅茶婦人はその通りだね。もう1つの例は、非劣性試験と呼ばれるクスリの試験なんだ。実は、すでによく効くクスリが存在しているけれど、今回の新薬は副作用が少ないというメリットがあるので、従来薬よりも効果が上である必要はなく、あまり劣ってさえいなければよい（非劣性）といったケース。このような非劣性のテストでは、劣っていないかどうかも考慮して両側検定をしたほうがいいからね。

両側検定、片側検定の判断って、結構ムズカシイですね。

④ 仮説検定の手順

仮説検定は、その考え方さえ理解すれば、あとは仮説検定の手順に従って進めるだけで検定ができます。最後に手順をまとめておきましょう。

仮説検定は考え方、論理こそ、慣れないうちはアレコレ考える必要がありますが、その考え方を一度、身につけてしまえば、あとは次の手順に従って進めていけば結論を得ることができます。ここでは、流れだけをおさらいしておきます。

① 対立仮説の設定
　↓ 裏が多く出るインチキコインでは？
　　　　　└ これを認めさせたい

② 帰無仮説の設定
　↓ 1/2ずつ正しく出るコイン
　　　　　└ 否定するための仮説

③ 帰無仮説を正しいと仮定する
　↓ その場合の理論計算をしてみる

0回	1回	2回	3回	4回	5回	6回	7回	8回	9回	10回
0.10	0.98	4.39	11.72	20.51	24.61	20.51	11.72	4.39	0.98	0.10

④ 有意水準の設定
　↓ 5％で設定

⑤ 対立仮説を考慮した棄却域の設定
　↓ 「裏が出やすい」とにらんだので片側検定

片側検定

⑥ 実データで判断する
　実際に試してみたら
　裏が多く出たとき

1/2に近いとき

⑦ 棄却域内 ──帰無仮説── ➡ 対立仮説を採択

⑦ 棄却域外 ➡ 帰無仮説を受容
　　　　　──対立仮説──

検定では2種類のミスに気をつける

検定での判定は、決して完全無欠のものではありません。「5％の有意水準」とは、裏を返せば「5％の危険率」ということであり、最大5％のミスを覚悟する必要がある、ということです。その場合、2種類の異なるミスが存在します。

▶「あわてん坊」はホンモノを間違う

　仮説検定は、すでに述べてきたように完全無欠なものではなく、「常に外れる危険性を秘めている」といえます。ホンモノのコインか、ニセコインかどうかの判断でも、無限回、投げ続けられるなら「ホンモノ」「ニセモノ」を見極められるでしょう。

　けれども、紅茶婦人の話などでもわかるように、私たちができる回数には限りがあり、そこで判断を決めてしまいます。このため、「帰無仮説を正しいとすると、めったにないことが起きた（5％以下など）」ということで帰無仮説を棄却し、対立仮説を採用するとき、「本当は帰無仮説が正しかった」というケースもありえるわけです。

　このように、「帰無仮説が正しかったのに、正しくない」として棄却する、つまり「正しい（本物）のに、正しくない」と誤るケースのことを**第一種の過誤**（α過誤：アルファ）と呼んでいます。いわば「あわてん坊さん」による判断です。α過誤のαは英語のAに相当するので、「あわてん坊」と覚えることができて便利です。

　第一種の過誤については、セキュリティをイメージしてもらうとわかりやすいと思います。

　いま、「絶対にニセモノは通さない」という完全無欠のセキュリティをつくろうとして、本人の顔写真と寸分違わない人間のみを通すというシステムが完成したとします。

　そのケースでは、たとえ「本人」であっても少し風邪を引いたり、太ったりすると、「あなたは本人ではない！」とはねられ、建物内にさえ入れない可能性があります（結局、完全無欠ではない）。これはセキュリティ

が厳重すぎて、起こすミスです。

第一種の過誤が起きると、本人なのに「怪しい」とされ、無罪なのに犯人とされるなど、さんざんな目にあいそうです。

▶「ぼんくら者」はニセモノを通す

反対のケースもあります。「帰無仮説が正しくなかったのに、捨てなかった」としてしまう、つまり**「間違っているものを正しい」**と誤るケースで、これを**第二種の過誤（β過誤：ベータ）**といいます。いわば「ぼんくら者」による判断です。β過誤のβは英語ではBに相当するので「ぼんくら者」と覚えられて便利です。

これはスパイ映画をイメージしてもらうとわかりやすいと思います（やはりセキュリティの事例）。最近では、指紋どころか虹彩認証に対しても、他人の虹彩をコンタクトとして目に入れ、巧みにセキュリティをすり抜けていく様子を見せてくれます。**ニセモノがホンモノのような顔をして、まんまと通り過ぎている**のです。

第二種の過誤も、セキュリティとして考えると迷惑なものです。こちらは事件の真犯人を見過ごしてしまうことに相当します。

▶ 危険率の上げ下げはトレードオフ

統計学の検定では、有意水準の設定を「５％」「１％」といった形で行ない、そのゾーンに入った場合、帰無仮説を葬り去り、対立仮説を採用します。このとき、**５％の有意水準で葬り去られた帰無仮説は、じつは正しかったのかもしれない**のです。

つまり、本当はインチキコインではなく、ホンモノのコインだったのに、検定のときに限って、たまたま「10回のうち9回」も「裏」ばかり出てしまった……そのために怪しまれ、「ニセモノ」呼ばわりされた可能性が「5％」あるという意味です。冤罪です。

　有意水準は「危険率」とも呼ばれるように、「正しいのに、正しくない」と判定ミスを犯す可能性があります。この第一種の過誤を抑えるには、有意水準（危険率）を厳しくしすぎないことですが、そうなると、今度はインチキコインを「インチキ」と認定することがむずかしくなり、やすやすと通り抜けられてしまいます。

　ここで言えることは、有意水準の設定は、トレードオフの関係にあるということです。「あちらを立てれば、こちらが立たぬ」ということです。2つの過誤を同時に小さくすることはできません。2つの関係がトレードオフである以上、完全な解決策はなく、それぞれの場で有意水準を決めていくことになります。

番外編

「人の直感」は案外、アテにならない？

本書の最後に、「人の直感での答え」と「確率的な答え（論理的な答え）」との間に、意外なほど大きな差があることをいくつかの事例で見ておくことにしましょう。これを見ると、確率・統計的な思考をすることの必要性を強く感じてしまいます。

賞品はどっちにある？ 確率は1/2？

アメリカの人気テレビ番組をきっかけに、全米中で議論が沸騰したのが「モンティ・ホール問題」です。これは「直感的な理解」と「確率的な思考」との戦いという面白い問題を提起しています。

▶ どこにクルマが隠れているか？

モンティ・ホールとは、アメリカのゲームショー番組「Let's make a deal（取引しよう！）」の人気司会者の名前です。この番組は1963年から1991年まで放送されたもので、27年間に4500編を制作したといわれています。

この番組には視聴者が1人参加します。視聴者の前には3つのドアA～Cがあり、そのどれか1つの後ろに賞品（クルマ1台）が用意され、残り2つのドアの裏にはヤギ（外れ）が隠れています。

このゲームの参加者の名前をSさんとしましょう。SさんはA～Cのドアの1つを選び、その後ろにクルマがあれば賞品としてもらえる、というゲームです。3つに1つ、3択問題です。

ここで参加者Sさんが「A」と答えたとすると、モンティは残りのB、またはCのどちらかのドアを開け、そこにクルマがない（ヤギが登場）ことを示します。いまは「B」を開けたとします。もちろん、**モンティ自身は、クルマがどのドアの後ろにあるかを知っています**。

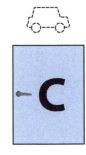

参加者が「A」といい、モンティが「B」を開けたので、賞品は「A」か「C」のどちらかに隠れています。2択問題になりました。

▶ドアを変えてもいいよ！

ここからが、このゲームショーのユニークなところです。モンティは参加者Sさんに対し、次のように提案します。
「さて、Sさん。あなたに一つのチャンスをさしあげましょう。いまなら『Cに変更』してもかまいません。もちろん、『Aのまま』でもOKです。さぁ、どちらを選択しますか？」

あなたなら、どう判断するでしょうか？　最初に3つのドアがあって、次に1つが外れであることが示された。賞品は残り2つのうちの1つ。2択問題だから、Aのままでも、変更してCにしても、当たる確率は変わらない……。もちろん、心境の変化で「C」に変えることはあっても、確率として考えると、同じではないか……。

番組名の「Let's make a deal」、つまり「取引しよう！」とは、こういう意味だったようです。

▶知能指数228のご託宣

ここで、マリリン・ヴォス・サヴァント（アメリカ：1946〜）[*1]という1人の女性が登場し、一気にアメリカ中を巻き込む大論争に発展します。マリリン・サヴァントの名前は、4章の正規分布の章で、「世界一の知能指数（228）の持ち主」として紹介しておいた女性です（P155）。彼女のコラム「Ask Marilyn（マリリンに聞け）」は350の新聞に配信され、3600万人の読者を誇るという著名人です。そして、1990年9月、彼女のコラムに掲載されたのが、

[*1] モンティ・ホール問題（モンティ・ホール・ジレンマ）については、当事者であるマリリン自身の著作『THE POWER OF LOGICAL THINKING　気がつかなかった数字の罠』（中央経済社）の中に、手紙の内容なども含め実名入りで詳細に説明されている。多数の数学者によるマリリンへの激しい反論、「ヤギはお前だ！」といった罵声を浴びるなかで、さらに興味を引いたのが「もし、この博士たちがみんな間違っているとしたら、この国は重大な問題を抱えていることになる」という皮肉めいた手紙（アメリカ陸軍研究所のある博士から）。これらが皆、公表されてしまったのだから、数多くの博士たちも気の毒？

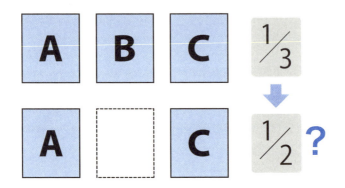

「ドアを変えれば、当たる確率は2倍になる」
というものでした。これに対して、数学者も含めて、「マリリン、それは間違いですよ」と多くの忠告がマリリンのもとに殺到したといいます。さて、どちらが正しかったのか。

　もう一度、ゲームショーを振り返ってみましょう。司会者のモンティがBのドアを開けて「Bにはヤギしかいない（外れ）」ことを示した段階で、クルマはAかCのドアのどちらかに決定です。最初は3択だったのが、2択となりました。

　つまり、「確率1/3だったのが、新たな情報を得て確率1/2」になっただけで、変更してもしなくても同じ確率だと考えられます。ということは、マリリンのいう「変更すると、当たる確率は2倍になる」は大間違いとなり、「こんなかんたんな問題も解けないのか？」とマリリン株は急降下したわけです。しかし、マリリンも譲らず、決着がつきません。

　最後はコンピュータによるシミュレーション結果から「変更すると、当たる確率は2倍になる」ことが明らかとなりました……。

▶ 極端な事例で考えるとナットク！

　マリリンの言葉どおりだったようで、論争についてはこれにて一件落着といいたいところですが、大論争に発展した挙句、コンピュータのお裁きで決着したというのでは、納得がいきません。「答えはコンピュータが知っている」では、ブラックボックスのまま。どう考えたらよいのでしょうか。

少し整理してみよう。参加者Sさんは A のドアを選び、A が当たる確率は1/3。残りのB、Cのドアも1/3ずつの確率なので、Sさんが選ばなかった「B・C」は合わせて2/3の確率をもっている。次に、司会者のモンティは「外れ」と知っている「B」のドアを開ける。この瞬間、「B・C」合わせて2/3だった確率は、すべて「C」の確率（2/3）に移動したと考えれば、

　　A：C＝1/3：2/3＝1：2

ということで、「変更すると、当たる確率は2倍になる」という理屈だね。

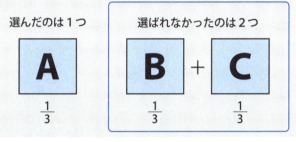

納得いかないです。BとCの2つの確率が、どうしてBが外れだとわかったら、Cにだけ確率が足されるんですか？

納得がいかない場合は、「極端な事例を考えてみる」ことだよ。いま、ドアが3つではなく100あって、賞品のクルマは1つのドアの後ろにあるとするよ。Sさんが1番を指定したとき、その1番が当たる確率はわずか1/100。Sさんが選ばなかった「99のドア」のどこかに「当たり」が入っている確率は99/100。つまり、99倍の確率の差がある、ってことだよね。

そうですね。少しわかってきたかも。続けてください。

うん。ここで、Sさんが選ばなかった99枚のドアを、「ここにもない、ここにもない……」と、次々に98枚、開けていくんだ。すると、Sさんの選んだ1枚と、司会者がわざと開けなかった最後の1枚の合計2枚になったとき、残った2つは「2択」だから

同じ確率なのか、それとも、Sさんの選んだ1枚と残った1枚のドアとは99倍の差があるのか。

ググググぐ……。ぐうの音も出ません。「極端発想」のすごさを思い知りました。

それなら、もっと極端にしてみようか。1万枚のカードがあって、1枚だけ「当たり」があり、Sさんが1枚だけ選んだ。Sさんの当たる確率は1/10000。そして、残り9999枚の中に当たりが入っている確率は9999/10000。そして、司会者は「外れ」と知っている9998枚をめくっていって、1枚だけ残した。さて、Sさんの1枚、開けなかった1枚、当たる確率は1/2ずつかな？

もう、参りました。「変更すると、当たる確率は2倍になる」に心底、納得しました。3つのドアなので、誤解したんですね。

直感的に「正しい」と思う解答と、論理的な帰結での「解答（正答）」には隔たりがある、という典型例として知られているんだ。

▶囚人のパラドックス

このモンティ・ホール問題によく似たものとして、「3囚人のパラドックス」があります。

あるとき、3人の囚人（X、Y、Z）の1人にだけ恩赦が降りることに決まりましたが、3人の誰であるかは知らされていません。けれども、看守は誰が恩赦になるかを知っているらしい……。

そこで囚人Xはアタマを働かせ、「3人に1人の確率だから、少なくともオレ以外のY、Zの2人のうち、1人は恩赦にならないと考えていいよね。だったら、『その恩赦にならない男』の名前を1人でいいから教えてくれたっていいんじゃないか？」といったところ、看守も「その通りだ」と考え、「Yは恩赦にならないよ」と答えてくれたのです。

そこでXは「看守に聞く前まではオレの恩赦の確率は1/3だったが、Yではないとわかったので、オレの恩赦の確率は1/2まで上がったぞ」と喜んだとのこと。さて、囚人Xの喜びは……。

2 難病の陽性反応をどう考える？

直感的に正しいと思う答えが間違っている、という事例をもう1つご紹介しましょう。これも確率・統計の世界ではよく取り上げられる話題ですが、日常的にもありそうです。

いつも陽気なAさんが落ち込んでいるので「どうしたのか？」と尋ねると、「人間ドックで精密検査をしてもらったんだ。すると、その名前も『ポイズン』という、1万人に1人しか発症しない難病検査で陽性反応が出た。この検査薬が『ポイズン』を発見する精度は99％もあるらしい……」という答えが返ってきました。

さらに詳しく聞いてみると、難病『ポイズン』に罹っていない場合に陽性反応が出るのは、たった1％だといいます。Aさんが『ポイズン』の患者である確率はどのくらいだと考えればよいでしょうか。日本の人口を1億2000万人として考えてみてください。

▶ 図を描いて考えると

実際にAさんがポイズンの患者かどうかはまだわかりません。ただ、検査で「陽性」だった場合、どのくらいの確率で実際に罹っているのかを、冷静に、数値で考えてみます。

まず、次ページのような大ざっぱな図を描いてみました。青い色の付いている部分が難病ポイズンに実際に罹っている人。そのうち、①の人に陽性反応が出ます。精度は99％なので、②の人が1％いて、②の人々は判定で漏れている、とわかります。

右側の③と④は、ポイズンに罹っていない人を表わしていて、④は間違って陽性反応が出た人々。これも1％の判定ミスが出るとのことなので、③が99％、④は1％です。円グラフで表示すると、ポイズンに罹っていないのに陽性という人は、ほとんどいないようです。

Aさんに陽性反応が出たので、陽性反応（①+④）のうち、Aさんが本

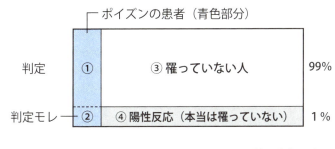

当にポイズンに罹っている確率(①の1人である確率)を考えてみましょう。どうすればよいでしょうか。

▶実際の人数を計算してみる

①〜④までの人数をそれぞれ計算してみます。まずは、①と②、つまり実際にポイズンに罹っている人の数は、「1万人に1人」といいますから、

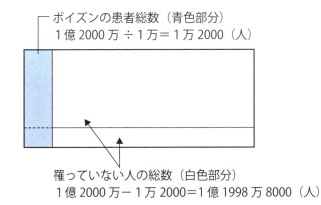

$$①+② = 1億2000万人 \times \frac{1}{10000} = 1万2000人$$

そして、①は「1万2000人の99％」なので、

$$① = 1万2000人 \times 0.99 = \underline{1万1880人} \quad \cdots\cdots\cdots\cdots \quad (1)$$

そして、③+④は、1億2000万人から①、②を引いて

$$③+④ = 1億2000万人 - 1万2000人 = 1億1998万8000人$$

④はこの1億1998万8000人のうち、間違って陽性反応が出る人の割合は1％ですから、

$$④ = 1億1998万8000人 \times 0.01 = \underline{119万9880人} \quad \cdots\cdots \quad (2)$$

計算がかなり大変でしたが、陽性反応は（1）+（2）の人で、そのうち、本当にポイズンに罹っている人は（1）です。よって、その割合は、

$$\frac{11,880}{11,880 + 1,199,880} \times 100 = 0.980392156 \, (\%)$$

計算結果を見ると、陽性反応であっても、実際にポイズンに罹っている確率は1％以下と低いことがわかりました。もちろん、再検査を受けるべきですが、人の感覚と現実のズレ（乖離）の大きな事例といえます。次ページの図のように描いてみると、その小ささを実感できます。

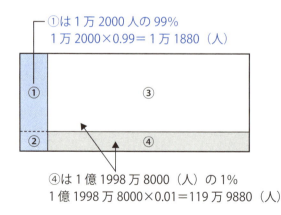

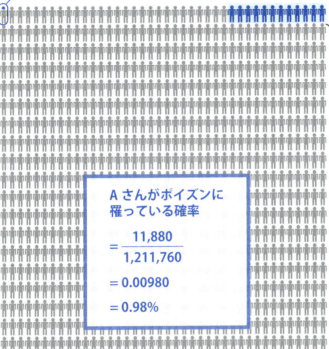

👤 =10万人

実際にポイズンに罹っている人（12,000人）
その内、陽性反応は11,880人

間違って、ポイズンで陽性反応が出た人（119万9880人）

Aさんがポイズンに罹っている確率

$$= \frac{11{,}880}{1{,}211{,}760}$$

$= 0.00980$

$= 0.98\%$

罹ってないのに陰性反応が出た人

番外編 「人の直感」は案外、アテにならない？

▶ ホントに大丈夫なのか？

　健康診断を受けると、「再検査」の人はうなだれているし、「ポリープの疑い」とか書かれて青ざめている人も見かけますが、どうやらそれほど心配しなくてもいいような……と思いたいのですが、ホントでしょうか？ この「ポイズン」の話からすると、多少安心しても良さそうですが。

> 最後はちょっとドキドキしましたが、再検査すれば大丈夫ということですよね。ウチの父親なんかは「再検査なんか、行かないよ」といっているけど、いまの話だと、あまり心配しなくてもいいのかな。センパイのおかげです、少し安心しました。

> ちょっと待ってよ。安心するのはまだ早いんじゃないかな。というのは、ポイズンという病気は「1万人に1人の割合で罹る」という条件付きだったけど、もしこれが100人に1人罹る「百人病」という病気があって、その検査薬の精度はやはり99％だったとすると、どうなる？

> つまり、「百人病」に実際に罹っている人の99％に対して、きちんと「陽性」という正しい判定をするけれど、罹っていない人の1％にも「陽性」という間違った判定をする、ということですよね。たいして変わらないんじゃないですか？

> ホントにそうかな？　1億2000万人では計算がたいへんだから、100万人で計算してみるよ。
> 　（罹患者）100万人×0.01＝1万人
> 　（罹患者の陽性反応）1万人×0.99＝9900人……（1）
> 　（非罹患者）100万人×0.99＝99万人
> 　（非罹患者の陽性反応）99万人×0.01＝9900人……（2）
> つまり、（1）は正しく判定された陽性反応者、（2）は間違って判定された陽性反応者で、両者は9900人ずつで同じ。ということは、「陽性です！」と判定された場合、間違って判定された可能性もあるけれど、「百人病」に罹っている確率は50％ある、「半々」ということだよ。

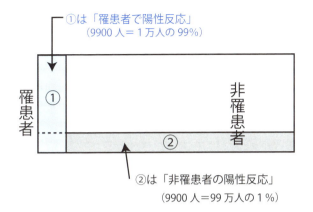

①は「罹患者で陽性反応」
(9900人＝1万人の99%)

②は「非罹患者の陽性反応」
(9900人＝99万人の1%)

ええっ、ホントに？ それって、100万人に簡略化して計算したからじゃ、ないんですか？ 1億2000万人で計算したら、「やっぱり1%ぐらいだった」、なんてことにはなりませんか？

もちろん、同じだよ。1億人でなら暗算できると思うけれど、
（罹患者）1億人×0.01＝100万人
（罹患者の陽性反応）100万人×0.99＝99万人……（1）
（非罹患者）1億人×0.99＝9900万人
（非罹患者の陽性反応）9900万人×0.01＝99万人……（2）
よって、（1）と（2）は同じ99万人ずつだから、「陽性反応」が出れば、半々の確率だということになる。
いずれにせよ、その病気に罹っている人に「陽性」と出る確率と、検査で「陽性」と出た人がホントにその病気に罹っていると考えられる確率とは違う、混同してはいけないということだね。

お父さんに、「再検査を受けなよ」といっておきます。

統計学ゼミナール

意外や意外、横綱は「平均以下」の体重？

　「平均」を取るだけでも、人の常識を破る十分に面白いことを発見できることがあります。

　たとえば、「横綱」。相撲取りは重いほうが直感的には有利に思えますが、不思議なことに、2016年末までの3横綱（白鵬、日馬富士、鶴竜）はそろって、幕内平均体重より軽いことがわかります。2017年に入り、稀勢の里が横綱になったことで、平均体重よりも重い横綱が誕生したとはいえ、40回優勝の白鵬でさえ平均体重以下。

　なぜ、相撲のような力勝負でも「平均以下」で横綱を張れるのか。おそらくスピード、技のキレなどで補っているわけで、そう考えていくと、企業も、人も、いろいろな戦い方、勝負の仕方ができそうな気がしてきます。

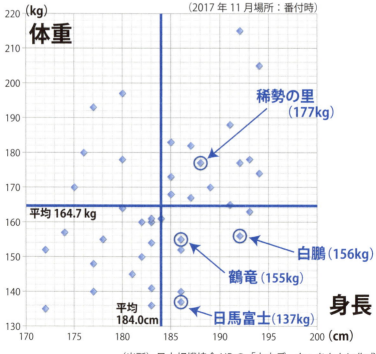

（出所）日本相撲協会HPの「力士データ」をもとに作成

【著者紹介】

本丸　諒（ほんまる・りょう）

◉──横浜市立大学卒業後、出版社に勤務し、サイエンス分野を中心に多数のベストセラー書を企画・編集。特に、統計学関連のジャンルを得意とし、入門書はもちろん、多変量解析、統計解析といった全体的なテーマ、さらにはExcelでの統計、回帰分析、ベイズ統計学、統計学用語事典など、30冊を超える本を手がけてきた。また、データ専門誌（月刊）の編集長としても、部数増など敏腕を振るう。

◉──独立後、編集工房シラクサを設立。サイエンス書を中心としたフリー編集者としての編集力、また、「理系テーマを文系向けに〈超翻訳〉する」サイエンスライターとしてのライティング技術には定評がある。日本数学協会会員。

◉──著書（共著を含む）に、『意味がわかる微分・積分』（ベレ出版）、『身近な数学の記号たち』（オーム社）、『マンガでわかる幾何』（SBクリエイティブ）、『すごい！磁石』（日本実業出版社）などがある。

文系でも仕事に使える　統計学はじめの一歩　〈検印廃止〉

2018年 2 月13日　　第 1 刷発行

著　者──本丸　諒
発行者──齊藤　龍男
発行所──株式会社かんき出版
　　　　　東京都千代田区麹町4-1-4 西脇ビル　〒102-0083
　　　　　電話　営業部：03(3262)8011(代)　編集部：03(3262)8012(代)
　　　　　FAX　03(3234)4421　　　　振替　00100-2-62304
　　　　　http://www.kanki-pub.co.jp/

印刷所──大日本印刷株式会社

乱丁・落丁本はお取り替えいたします。購入した書店名を明記して、小社へお送りください。ただし、古書店で購入された場合は、お取り替えできません。
本書の一部・もしくは全部の無断転載・複製複写、デジタルデータ化、放送、データ配信などをすることは、法律で認められた場合を除いて、著作権の侵害となります。
©Ryou Honmaru 2018 Printed in JAPAN　ISBN978-4-7612-7317-0 C0033